N. QUELLIEN

LA
BRETAGNE ARMORICAINE

PARIS
E. MAISONNEUVE, LIBRAIRE-ÉDITEUR
25, QUAI VOLTAIRE, 25

1890

La

Bretagne Armoricaine

Du même auteur.

Annaïk, poésies bretonnes ; 1880.

Loin de Bretagne ; 1886.

L'Argot des Nomades en Basse-Bretagne ; 1886.

Chansons et Danses des Bretons (ouvrage couronné par l'Académie Française) ; 1889.

SOUS PRESSE :

Chants Celtiques.

N. QUELLIEN

La Bretagne Armoricaine

PARIS

J. MAISONNEUVE, LIBRAIRE ÉDITEUR

25, QUAI VOLTAIRE, 25

1890

A mes deux fils,
Georges et Alain

Des éducateurs pensent que notre *vocation* — comme on disait au collège de Tréguier — dépend du petit livre que nous avons eu tout d'abord sous les yeux. C'est un peu exagérer, à mon sens, l'influence des premiers exemples et diminuer celle de nos penchants personnels. Toutefois, j'encourrai cette responsabilité sur votre avenir, et j'écris votre *premier livre* : Georges est en état déjà de le lire.

Plus tard, vous comprendrez comment j'ai choisi ce sujet : l'*Histoire des Bretons*. Que de fois vous ai-je fait remarquer la joie que cause à des Bretons de Paris ce nom de *Bretagne !*...

Vous verrez avec quel héroïsme obstiné nos ancêtres ont gardé la péninsule armoricaine contre tant de convoitises étrangères. Certes, leur mission a été bien remplie. Quand le duc François II remit la Bretagne au roi de France, il s'inclinait sous la fatalité des choses ; résister davantage n'eût été qu'une folie de bravoure. Mais que son agonie fut affreuse, lorsqu'il sentit sa fin venir, quelques jours seulement après le traité funeste du Verger ! Tous les souvenirs de sa race ont dû s'éveiller alors et se succéder en son esprit, tous revenant, glorieux ou sombres, implacables comme des remords. Et il lui semble qu'il reconnaît ces apparitions qui flottent devant son œil vague de moribond.

Voici les guerriers et les moines de la primitive émigration. Comme ces chefs de clan ont le regard cruel ! En frôlant le lit funèbre, ils abaissent la pointe de leur épée nue vers le dernier duc des Bretons, et ils murmurent leur propre nom en passant, témoignage contre la trahison de François II : Riwal, Gradlon, Waroch... Ainsi arrivent les ermites et les moines, Gwennolé, Tugdual, Brieuc..., chaque abbé touchant de sa crosse le mourant à l'endroit du cœur. A ce contact le vieux prince éprouve comme l'horrible oppression d'un cauchemar ; mais il est réveillé de chacune de ses défaillances par une vision nouvelle.

Maintenant, c'est le fondateur de la nation, ou

plutôt de l'unité bretonne, qui apparaît, Noménoë ; il est suivi d'une lignée de héros. Leur malédiction épouvante le duc François II.

Et puis, ses yeux se voilent, comme si le paysage devenait sombre autour de lui. Il croit alors ouïr un long gémissement, la plainte de tout un peuple ployé sous le joug. Ensuite, le vainqueur des Normands, Alain Barbe-Torte, traverse la vision. Et les ombres deviennent plus farouches. Ce sont là les témoins des campagnes soutenues, durant cinq siècles, contre les deux puissances rivales, la France et l'Angleterre : or, à cette heure, l'héroïque passé est rendu vain, les villes bretonnes restent ouvertes, toute humiliation est consommée, demain il n'y aura plus de Bretagne. Et pour la suprême réprobation, voici les trois connétables fameux, Duguesclin, Clisson et Arthur de Richemont, qui viennent pour renier le duc des Bretons.

Comme au sortir d'un rêve pénible, le mourant eut un cri étouffé. La princesse Anne d'accourir à son chevet, et agenouillée elle mit un baiser aux mains de son père. Le duc, alors, soulevant la main droite, la posa sur la tête de sa fille. Tout à coup la vision, encore errante autour de l'agonisant, se manifeste pour Anne de Bretagne ; et elle entrevoit les dernières ombres, celles des héros, s'évanouissant comme un passé irrévocable. Mais d'autres ombres surviennent ensuite, des femmes voilées, comme un cortège mortuaire ; trois femmes, portant des couronnes, conduisent ce chœur de pleureuses. Elles s'approchent innombrables, toutes celles qui ont souffert persécution ou qui se sont dévouées pour la cause bretonne, depuis les « onze mille vierges » de la légende jusqu'aux trois héroïnes de la grande guerre anglaise : car celles-ci mènent le deuil, les trois Jeannes, avec leurs couronnes tachées de sang. Et au pied de la couche ducale, qui paraît se dresser, en ce moment, comme un mausolée, ces femmes tombent à genoux : si la femme fut vaillante à la peine, en effet, son devoir est encore de rester fidèle au vaincu.

A cet instant expira le dernier duc de Bretagne. La princesse Anne comprit qu'elle avait dans son héritage une couronne funéraire. Et elle tenta, néanmoins, la lutte contre la destinée ; elle ne mentit pas à son sang ducal, et elle fut au moins l'égale des trois Jeannes. Les Bretons lui ont pardonné sa défaite fatale. Et même, comme si la donation de leur duchesse les eût enchaînés sous un chevaleresque enchantement, n'ont-ils pas rati fié le pacte de la reine Anne avec la France par le plus fidèle dévoûment, ces Bretons qui furent si fiers de leur indépendance ?

La France aussi se montra bonne suzeraine. Si quelque clameur a parfois éclaté, depuis, au sein de nos bois séculaires, ce n'était qu'un écho des temps antiques, planant encore sur le pays comme les sonorités d'un orgue restées autour du temple après les offices ; on eût dit d'un récit de geste, ou d'un chant de veillée : peut-être les compagnons d'Arthur charmant le sommeil du vaillant paladin en son île d'Aval. Non, la France n'eut rien à craindre de notre particularisme ; et elle sera sûre du lendemain, tant que chacune des anciennes provinces se tiendra sous les armes, aux jours du danger, comme la Bretagne...

Si vous passez par la *contrée* de saint Yves, un jour, Alain, demande à ton frère qu'il te conduise, à moitié chemin de Tréguier à La Roche-Derrien, sur les hauteurs qui dominent le cours du Jaudy, au manoir de Mézou-Bran : je l'ai montré à Georges, plus d'une fois. Si vous le visitez, au bout d'une très longue avenue vous vous arrêterez devant un chêne trois fois centenaire, sous lequel s'abrite tout le troupeau de la ferme, par les temps d'orage. Le tronc est ouvert et creux, et dix personnes peuvent ensemble y circuler à l'aise ; par quelques fibres seulement monte encore la sève qui entretient les superbes rameaux. Les racines ont poussé au loin et ont bouleversé tout le sol : n'est-ce pas des plus vieilles et des plus profondes que l'arbre a tiré sa force et sa gloire ? Et n'en va-t-il pas du patriotisme comme de l'antique chêne de Mézou-Bran ? Il est fait de tous les patriotismes locaux. Quelle folie de porter la hache dans les lointaines racines, sous prétexte qu'on ne voit plus où elles remontent !

J'aurai connu les plus illustres Bretons de notre époque ; nul n'ignore qu'ils compteront entre les premiers écrivains ou les savants les moins contestés de France : je les remercie vivement de m'avoir conseillé cette œuvre de vulgarisation. Qu'il y en ait d'autres qui m'en sauront mauvais gré, je veux les oublier ici : les noms odieux sonnent mal, comme des blasphèmes, et ils laissent à la bouche qui les a proférés trop d'amertume. J'ai tenu surtout à vous enseigner quelque chose de nos aïeux celtiques, dont la tradition s'effacera de plus en plus sous les nécessités de la vie moderne ; il était bien naturel que cette pensée me vînt pour vous, qui êtes mes meilleurs et qui resterez mes derniers amis — je n'ai pas dit *les seuls ;* car j'aurai tant aimé mon pays de Bretagne, que j'ai bien l'espoir de survivre là-bas en d'autres mémoires : mon souhait est que je devienne l'élu des humbles et des discrets, de quelque âme simple de Bretonne. —

Les parents qui m'ont élevé étaient deux Bretons de race intègre ; leur native franchise était encore inaltérée. Les inoubliables après-midi de dimanche, où mon père nous amenait aux bords du Jaudy, le long des peupliers et des saules ! Depuis, je n'ai jamais écouté les voix aériennes, comme là-bas, lorsque nous restions assis sous le petit bois de Kéressé et que le vent roulait ses harmonies par les hautes cimes des sapins. Les nuées du ciel en marche n'avaient pas de secret pour mon père ; je considérais le Voyant alors à son image ; personne ne m'a depuis parlé de la nature comme ce charmant conteur... Pas une femme ne valait ma mère pour chanter les complaintes du temps passé ; à l'église paroissiale, sa voix se distinguait entre toutes, quand le chœur des femmes, à son tour, reprenait le *diskan* du vieux cantique. Alain est venu trop tard au monde pour entendre les berceuses qu'elle aimait, mais que toi, Georges, tu te rappelles encore : « Dors là, mon enfant petit. — Si vous devenez grand, soyez en aide à votre mère... *(Mar deud braz, sikoured ho mamm)*... » Quand les anges de Dieu sont venus prendre son âme, ils ont dû, pour rendre moins cruelle en notre absence l'éternelle séparation, lui donner l'illusion de ses souvenirs les plus chers, et de leur voix céleste ils ont entonné la berceuse d'autrefois : « Dors là, mon petit enfant... »

Ceux de notre race se plaisent aux présages : la Mort vient de frapper deux fois à notre porte. J'ai le pressentiment que les orages de la vie m'auront déraciné avant le temps. Mais lorsque je ne serai plus là, vous retournerez encore vers le lieu de notre origine : revoyez quelquefois le doux pays dont nous avons si souvent parlé ensemble, et faites ce lointain pèlerinage en mémoire de votre père.

Paris, le 6 août 1890

Notice Géographique

Limites.

La Bretagne fut une des principales provinces de l'ancienne France; une province de l'Ouest, ou mieux du Nord-Ouest.

Le pays breton a pour limites,

au nord : la Manche, la baie du Mont-Saint-Michel et le département de la Manche (de l'ancienne province de Normandie);

à l'est : le département de la Mayenne (ancienne province du Maine), et le département de Maine-et-Loire (ancien Anjou);

au sud : le département de la Vendée (ancien Poitou) et l'océan Atlantique;

à l'ouest : l'océan Atlantique.

Bornée par la mer dans une étendue de 135 lieues environ, sur un périmètre de 200 lieues, la Bretagne est assimilée à une presqu'île. Sa superficie est de 3,400,000 hectares.

Climat; physionomie générale.

On sait que la France est partagée en sept climats, quatre maritimes et trois continentaux : le *séquanien*, le *vosgien*, le *rhodanien*, le *méditerranéen*, l'*auvergnat* ou *limousin*, le *girondin* et l'*armoricain*. C'est ce dernier dont jouit toute la Bretagne, hormis quelques sommets des monts d'Arrée : à l'extrémité de la Loire-Inférieure commence le *girondin*.

La région doit sa température modérée à sa latitude (le Morbihan, traversé par le 48°, est un peu plus près du pôle que de l'équateur), à l'altitude médiocre du territoire et au voisinage de la mer.

Les changements de température deviennent moins fréquents et peu brusques dans les pays de plaines ou de montagnes moyennes. Il est encore avéré que le voisinage de la mer égalise la température en procurant des pluies bienfaisantes. Enfin, le *gulf-stream*, un courant sous-marin d'eau chaude amené d'Amérique par l'Océan, enveloppe souvent les côtes bretonnes de tièdes brouillards et les préserve d'un froid excessif; en hiver, on a constaté que le thermomètre reste plus élevé à Brest que dans certaines villes du Midi.

La Bretagne est une région, sinon montagneuse, du moins accidentée et pittoresque; c'en est même un des caractères particuliers; peu de contrées offrent une telle variété ou cette succession de collines et de vallées, de bois et de landes, de sites gracieux et de paysages austères, sillonnés de chemins creux et de sentiers perdus; rien au monde n'est d'un spectacle plus grandiose que les sauvages bords du Finistère. A quoi bon ajouter ces étranges mégalithes, semés sur le sol comme des pierres de souvenir, ou rapprochés comme à Carnac, ou accumulés, dont chacun a parlé, mais dont nul ne sait rien au juste?

A l'intérieur s'étendait, voilà des siècles, une forêt immense (v. plus loin, *histoire*). C'est là que les légendes du moyen-âge ont fixé le pays de Brocéliande. On dit que la forêt de Paimpont (6,000 hectares) en est un débris; et d'autres encore : celles de Couveau et de Camors, dans le Morbihan; celle du Laz, dans le Finistère ; dans les Côtes-du-Nord, celles de Beffou, de Lorges, de Coat-an-Noz, de Duault, etc...

Les landes et bruyères, au siècle dernier, tenaient encore plus de trois millions de journaux de terre ; aujourd'hui, on ne cite guère de fameuse que la lande de Lanvaux, occupant 50 kilomètres de long sur 3 ou 4 de large, et passant entre Malestroit et Elven.

Il n'entre pas dans l'économie de cet ouvrage d'indiquer la nature du sol, non plus que les diverses cultures, les ressources industrielles ou commerciales du pays.

Montagnes.

La Bretagne compte deux chaînes principales et une chaîne secondaire de montagnes : les monts d'Arrée, les Montagnes-Noires, le groupe du Menez.

La ligne des monts d'Arrée va du N.-E. au S.-O., à travers les Côtes-du-Nord et le Finis-

La pointe du Raz.

tère. Les Montagnes-Noires se développent dans le Finistère, à peu près parallèlement aux monts d'Arrée, qu'elles rejoignent près du Faou, au N.-O., au-dessus de l'estuaire de l'Aulne.

Le sommet le plus élevé des monts d'Arrée ou Arez est le Mont-Saint-Michel (391m), près de Huelgoat ; un peu vers le nord, se dressent la cime de Toussaines (384m), celle de Commana (371m).

A citer également les hauteurs du Menez (340m), près de Moncontour, qui semblent détachés de la chaîne d'Arrée et former une chaîne secondaire. De nombreuses collines se relient, d'ailleurs, aux monts d'Arrée, qu'on a surnommés *Keign Breiz* (dos de Bretagne). Tous ces sommets sont à peu près insignifiants ; ainsi : celui de Saint-Mayeux (316m), la colline de Landévet (306m), celle de Kéresper (321m), le Bré (301m), etc...

Les Montagnes-Noires ont la même médiocre altitude. La plus haute cime est l'un des trois pics du Ménez-Hom (330m), à l'O. de Châteaulin. Le sommet du Laz, près de Châteauneuf-du-Faou, n'atteint que 305m ; celui de Toullaeron (ou Toul-al-Laeron), 326ᵐ, près de Gourin. Comme les monts d'Arrée, qui poussent des ramifications un peu partout, vers le nord, les Montagnes-Noires aussi avancent des contre-forts vers le midi, jusque dans le N-O du Morbihan; aucun de ces derniers sommets ne s'élève à 300ᵐ.

Caps, Baies, Presqu'îles.

Il n'est pas de littoral en France aussi effrangé et découpé que celui de la Bretagne; nulle autre côte n'est aussi fertile en surprises : ce n'est qu'une série de promontoires et d'estuaires, de plages cernées de récifs et de ports protégés par les passes les plus dangereuses.

Les principaux caps sont : ceux de Fréhel et d'Erquy, la pointe de Saint-Mathieu, le cap de la Chèvre, la pointe du Raz ou cap Sizun, la pointe de Penmarc'h (ces quatres derniers promontoires, avec bien d'autres, sur la seule côte du Finistère, face à l'Atlantique), la pointe de Quiberon, celle de Saint-Gildas, etc...

Les baies sont, de même, en grand nombre. Depuis celle de Saint-Michel jusqu'à celle de Bourneuf, c'est-à-dire, des confins maritimes de la Normandie aux frontières du Poitou, contentons-nous de mentionner : la baie de Cancale, l'anse de Saint-Cast, la baie de la Fresnaye, celle de Saint-Brieuc, la rade de Brest, l'anse de Dinan, la baie de Douarnenez, celle des Trépassés, celle d'Audierne, celle de la Forest, l'anse du Pouldu, la baie de Quiberon, le golfe du Morbihan, l'estuaire de la Vilaine, la rade du Croisic, l'estuaire de la Loire, etc...

L'éternelle invasion de l'Océan a rongé et creusé ces rivages, le long desquels se dessinent une foule de presqu'îles : Rhuys, Quiberon, Crozon, Quélern... D'autres se trouvent formées, naturellement, par deux cours d'eau qui enserrent une langue de terre, comme celle de Lézardrieux, enfermée entre le Trieux et le Jaudy, etc..

Cours d'eau.

A part la Loire et la Vilaine, les cours d'eau qui arrosent la Bretagne, les plus importants du moins, sortent des deux chaînes principales, de l'Arrée et des Montagnes-Noires, ou de la chaîne secondaire du Menez. Ils se partagent en deux versants, celui de la Manche et celui de l'Atlantique. Les ressources fluviales du pays sont nombreuses; mais il est impossible à ces rivières d'acquérir des développements considérables, les montagnes où elles prennent leur source étant trop près de la mer où est leur embouchure respective.

Tributaires de la Manche. — Le *Couesnon* sort du département de la Mayenne; il passe près de Fougères et de Saint-Aubin-du-Cormier; puis, après avoir servi de frontière entre l'Ille-et-Vilaine et le département de la Manche, il se jette dans la baie de Saint-Michel.

La *Rance* prend sa source dans le Menez. Elle a un cours, très irrégulier, de 100 kilomètres environ ; elle passe à Caulnes, à Dinan, est navigable en aval de cette dernière ville jusqu'à son embouchure, entre Dinard et Saint-Malo. Le principal affluent de la Rance est le *Linon*, à droite.

L'*Arguenon* sort aussi du Menez ; après un cours de 55 kilomètres, il se jette dans l'anse du Guildo.

Le *Gouet*, originaire du Menez, passe à Saint-Brieuc.

Le *Leff* traverse le pays de Goëlo, où il a donné son nom au lieu célèbre de Lanleff ; après un parcours de 50 kilomètres, il se mêle au *Trieux* sur la rive droite.

Le *Trieux* (75 kilomètres) passe à Guingamp et à Pontrieux ; avant de se jeter dans la mer, en amont de Lézardrieux, il forme un estuaire appelé le Lédano.

Le *Jaudy* (50 kilomètres), sort des collines de Gurunhuel, passe à La Roche-Derrien, puis à Tréguier, où il reçoit le *Guindy*, à gauche.

Le *Guer*, ou le *Léguer* (60 kilomètres), a

sa source dans la colline de Landévet ; il traverse la forêt de Coat-an-Noz, passe à Belle-Isle-en-Terre, où il reçoit les eaux du *Gwic* ; à Lannion, il devient navigable, et il a son embouchure au-dessous des ruines de Koz-Guéodet.

Le *Douron* sert de limite entre les Côtes-du-Nord et le Finistère ; il se jette dans la baie de Locquirec.

Le *Dossen* est le confluent de deux rivières venues des monts d'Arrée, à 20 kilomètres de Morlaix ; il se forme à Morlaix, où il devient navigable ; sur la droite, il reçoit le *Dourdu*, et au bout de quelques kilomètres, large comme un fleuve, il se confond avec la Manche.

La *Penzé* (50 kilomètres) sort des collines de Commana, passe près de Saint-Thégonnec et se déploie en estuaire, comme le Dossen, à son embouchure.

Nous ne mentionnerons pas quantité d'autres cours d'eau insignifiants, d'un parcours de quelques lieues, comme l'Abervrac'h, ou l'Aberildut, qui se jette, d'ailleurs, dans l'Atlantique.

Tributaires de l'Océan Atlantique.
— L'*Elorn* (environ 65 kilomètres) naît dans les monts d'Arrée, près du pic de Commana ; elle passe à Landerneau, où elle devient navigable, et elle a son embouchure dans la rade de Brest. L'Elorn servait de limite entre le pays de Léon et la Cornouaille.

L'*Aulne* a 150 kilomètres de cours. Elle sort de la forêt de Beffou et sur un espace de 2 à 3 lieues sépare les Côtes-du-Nord du Finistère. Elle se mêle quelque temps au canal de Nantes à Brest, passe à Châteauneuf-du-Faou et à Châteaulin, pour se jeter dans la rade de Brest. Principaux affluents : le *Squiriou*, l'*Ellez*, l'*Hyère* et la *Doufine*.

L'*Odet* prend sa source dans les Montagnes-Noires, sur les limites du Morbihan, passe à Quimper, où il reçoit le *Stéir* sur la droite, et se jette dans la petite anse de Bénodet, après un cours de 60 kilomètres.

L'*Aven* sort des Montagnes-Noires, traverse l'étang de Rosporden et passe à Pont-Aven. Environ 40 kilomètres de cours.

La *Laïta* se forme, à Quimperlé, par le

confluent de l'*Ellé* et de l'*Izôle*. De là à la mer, environ 3 lieues, elle est navigable.

Le *Blavet* (près de 150 kilomètres), naît dans les collines de Landévet. Il coule dans le canal de Nantes à Brest, depuis Gouarec jusqu'à Pontivy ; il arrose Pontivy, — où il devient navigable, — Hennebont, et, grossi du *Scorff*, il forme la rade de Lorient. Principaux affluents : le *Doré*, le *Doulas*, le *Sarre*, l'*Evel* ; mais le plus important est le *Scorff* (70 kilomètres), qui passe à Guémené, à Pontscorff, où il commence à être navigable.

La *Rivière d'Auray* (environ 50 kilomètres) est navigable à partir d'Auray ; elle sépare, à son embouchure, les presqu'îles de Locmariaker et de Rhuys, qui servent comme de goulet au golfe du Morbihan. Dans ce golfe ou petite mer intérieure, se jettent une quantité de rivières sans importance.

La *Vilaine* a sa naissance dans le département de la Mayenne, son parcours est de 220 kilomètres : c'est un véritable fleuve côtier. Elle passe à Vitré, à Rennes ; puis elle se dirige, par un coude brusque, vers Redon ; son embouchure, à 4 lieues en aval de La

Roche-Bernard, est large d'au moins 2 kilomètres. La Vilaine devient navigable à Cesson, un peu en amont de Rennes.

Les principaux affluents de la Vilaine sont : l'*Ille* (qui prête son nom au département d'Ille-et Vilaine), la *Flume*, le *Meu* (environ 80 kilomètres) — tributaires de droite —, la *Seiche*, le *Samnon* (plus de 60 kilomètres), la *Chère* — tributaires de gauche — ; le plus considérable est l'*Oust* (150 kilomètres), qui arrose Rohan, Josselin, Malestroit, et qui a lui-même pour affluents : le *Lié* (60 kilomètres), le *Niniam*, la *Claye* (60 kilomètres), l'*Aff* (environ 55 kilomètres), l'*Arz* (à peu près d'un égal parcours), etc...

La *Loire* touche à la Bretagne, puis la traverse, sur une longueur de 110 kilomètres : ce n'est donc là qu'une très faible partie du parcours de ce grand fleuve. La Loire passe à Ancenis, à Nantes où elle se partage en quatre bras, à Paimbœuf avec une largeur de 3 kilomètres ; ensuite, s'élargissant encore, pour se rétrécir avant de rejoindre l'Océan, elle a son embouchure à Saint-Nazaire. — Principaux affluents : la *Divate*, l'*Erdre* (100 kilomètres), la *Sèvre Nantaise* (135 kilomètres) dont le plus long parcours est hors de Bretagne et qui se grossit elle-même de nombreux affluents, l'*Acheneau* (sorte de canal formé par la *Boulogne* et le *Lognon*), l'*Etier* ou l'*Etier de Méan* (50 kilomètres), etc..

A ces cours d'eau, il convient d'ajouter quelques canaux. Celui de *Nantes à Brest* est le plus important ; il part de la Loire à Nantes, passe dans le bassin de la Vilaine, puis dans ceux du Blavet et de l'Aulne ; quelques rivières l'alimentent, entr'autres : l'Oust, le Blavet, l'Aulne, avec quelques réservoirs d'une contenance totale de 16 millions de mètres cubes ; il aboutit à l'écluse de Châteaulin, débouchant dans la rade de Brest. — Le canal d'*Ille-et-Rance* commence à Rennes, suit le cours de l'Ille, passe à quelques kilomètres de Dinan et débouche à Saint-Malo ; il est alimenté par des étangs d'une contenance totale de 5 à 6 millions de mètres cubes. — Dans le bassin de la Loire, quelques canaux pour ainsi dire d'intérêt local : le canal de *Goulaine*, celui de la *Boullaie*, celui de la *Taillée*, ceux du *Brivé*, de *Nyon*, etc..

Auderne

Le midi de la Bretagne, comme, dans le nord, l'ancien territoire de Dol, est un pays plat et marécageux, favorable aux vastes nappes d'eau. Au sud de la Loire s'est développé le lac de *Grand-Lieu* (7,000 hectares). — Non loin de Redon, dans une région de prairies basses, la Vilaine a formé le lac ou marais de *Murin*. — Enfin, près de l'embouchure du Blavet, la pointe de Gâvres ferme l'estuaire de l'*Etel*, qui devient comme un lac intérieur.

Iles.

Il est à remarquer que les îles bretonnes naissent à partir du moment où la côte se hérisse d'écueils et devient féconde en périls, vers l'embouchure du Trieux ; et c'est pour la même raison qu'en sont peuplés les bords mouvementés de l'Atlantique. Il serait bien long de les énumérer exactement.

L'île de *Bréhat*, en face de Lézardrieux et de Paimpol ; quelquefois d'un accès difficile ; environ 1,100 habitants. — La population de ces îles ne varie pas sensiblement, d'un recensement à l'autre.

A l'embouchure du Jaudy, tout un archipel d'îlots.

A quelques kilomètres des rochers fantastiques de Ploumanac'h, le groupe des *Sept-Iles*, aujourd'hui inhabitées ; l'une d'elles tenait naguère un poste militaire de 25 hommes. Au fond de la petite baie de Perros-Guirec, l'îlot de *Thomé*, qui a tiré son nom de quelque navire espagnol échoué sur ces parages ; le peuple en a conservé le nom ancien, l'île *Tavéac* ou *Tavéc*, en dialecte celtique.

L'île *Grande*, dont les carrières de granit sont renommées. A côté, l'îlot d'*Aval* ou *Avalo*, dans lequel des légendes locales ont placé la tombe du roi Arthur et de ses compagnons d'armes.

L'île de *Batz*, à quelques kilomètres de Roscoff ; de 1,000 à 1,100 habitants ; à marée basse, elle se trouve quelquefois reliée au continent.

Ouessant, dans l'océan Atlantique ; environ 2,300 habitants. Dans l'archipel d'Ouessant, l'île assez importante de *Béniguet*.

Au fond de la baie de Douarnenez, la petite île *Tristan*, que La Fontenelle rendit célèbre au XVIe siècle (V. *histoire*).

L'île de *Sein*, séparée du continent par la périlleuse baie des Trépassés. Fameuse par ses souvenirs druidiques, comme par les naufrages dont sont témoins sans cesse ses rivages inabordables. De 700 à 800 habitants.

La petite île *Tudy*, à quelques kilomètres de Loctudy. Souvenirs religieux des primitives émigrations bretonnes.

L'archipel des *Glénans*, à quelques lieues de la pointe de Trévignon.

L'île de *Groix*, à 2 lieues de Port-Louis, en face de la rade de Lorient. Environ 4,000 habitants ; 20 kilomètres de tour ; nombreuses cavernes creusées par les lames dans les falaises.

Belle-Ile, au sud de la pointe de Quiberon ; 48 kilomètres de tour ; superficie de 8,700 hectares ; climat doux et sol fertile ; environ 10,000 habitants. Citadelle et forts ; restes du château bâti par Fouquet.

Houat, à 2 lieues au N.-E. de Belle-Ile ; environ 200 habitants.

Hœdic, à une lieue au S.-E. de Houat ; 200 à 250 habitants.

L'archipel du golfe du Morbihan ne se compose que d'îlots, dont le plus grand, l'*Ile-aux-Moines*, contient à peine 320 hectares ; dans le voisinage, l'île d'*Arz* (environ 310 hectares) ; à citer particulièrement, *Gavrinnis*, pour ses restes de monuments mégalithiques.

Entre l'embouchure de la Vilaine et la rade du Croisic, à 6 ou 7 kilomètres du promontoire de Castelli, la petite île *Dumet* ; îlot fortifié ; environ une demi-lieue de tour.

L'ancienne Bretagne avait pour capitale Rennes.

Elle a été divisée en 5 départements ou préfectures :

Le département de l'*Ille-et-Vilaine*, chef-lieu : Rennes ; sous-préfectures : Fougères, Montfort, Redon, Saint-Malo et Vitré.

Les *Côtes-du-Nord*, chef-lieu : Saint-Brieuc ; sous-préfectures : Dinan, Guingamp, Lannion et Loudéac.

Le *Finistère*, chef-lieu : Quimper ou Quimper-Corentin ; sous-préfectures : Brest, Châteaulin, Morlaix et Quimperlé.

Le *Morbihan*, chef-lieu : Vannes ; sous-préfectures : Lorient, Ploërmel et Pontivy.

La *Loire-Inférieure*, chef-lieu : Nantes ; sous-préfectures : Ancenis, Châteaubriant, Paimbœuf et Saint-Nazaire.

La Bretagne comprenait 9 évêchés, dont la Révolution a supprimé 4 : Dol, Saint-Malo, Tréguier et Saint-Pol-de-Léon ; ceux qui ont été maintenus correspondent aux 5 préfectures.

On comprendra qu'il ne saurait être question de toutes les divisions administratives et de divers autres détails d'actualité dans cette simple notice géographique sur une ancienne province.

Vers le XIe siècle, à la suite des invasions normandes, la Bretagne se trouva, au point de vue linguistique, coupée en deux moitiés à peu près égales, qu'on appela la *Basse-Bretagne* et la *Haute-Bretagne*. Ces dénominations sont restées en usage, et la situation numérique des *bretonnants* et des *gallos*, au bout de huit siècles, n'a guère changé ;

sur les 3 millions d'habitants que comptent les 5 départements bretons, les deux cinquièmes environ parlent encore un dialecte celtique.

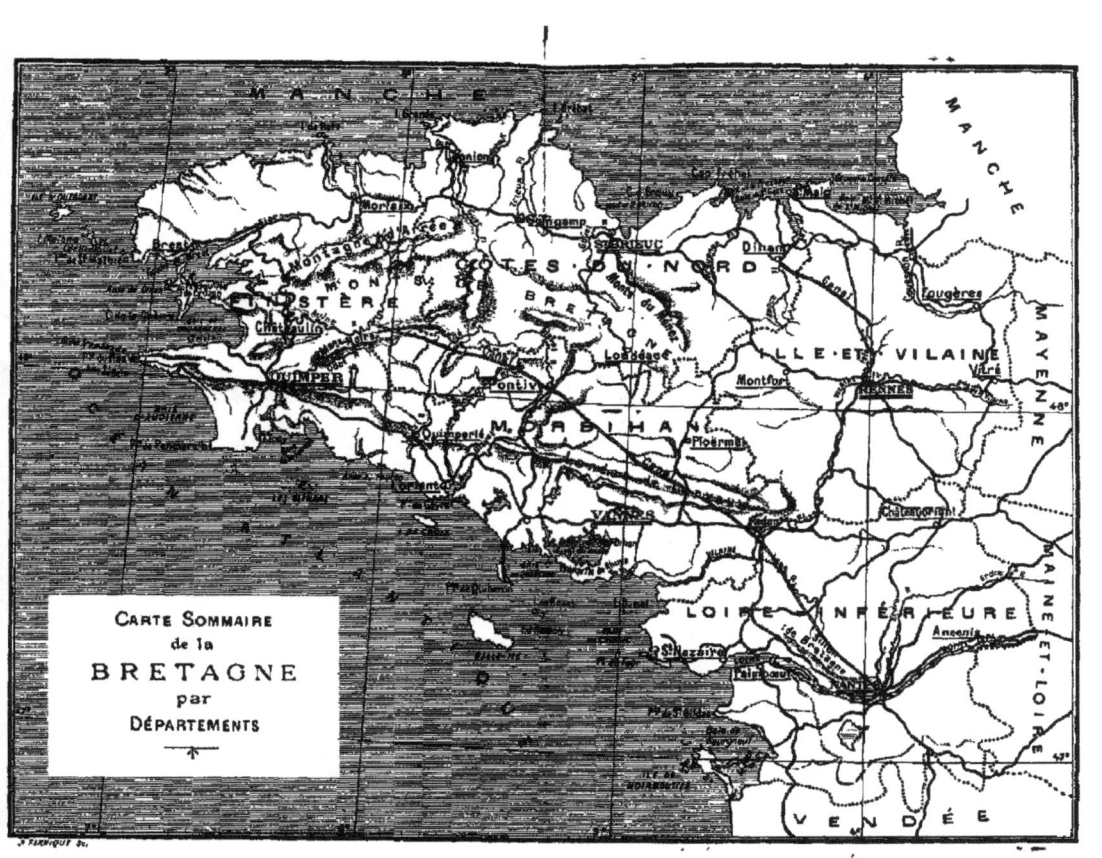

Histoire

La Bretagne, en breton, s'appelle *Breiz*, dont le sens originel serait l'équivalent de *tacheté* ou *tatoué* (dans le breton moderne, le mot *briz* a conservé la même acception). La Bretagne des Romains (*Britannia*), c'était l'Angleterre. Le nom en a passé, avec les Bretons insulaires qui émigrèrent sur le continent, du Ve au VIIe siècle, à la péninsule jusque-là nommée *Armorique* : d'où ensuite, pour la distinguer de l'île britannique, la dénomination de *Petite Bretagne*.

1

Période Préhistorique.

La Bretagne-Armorique, de même que le reste de la Gaule, demeura durant des siècles enveloppée d'une obscurité profonde. L'ère mégalithique y fut très longue. On conjecture que l'Armorique fut peuplée de bonne heure, bien qu'on ne sache rien de précis sur la provenance de ses premiers habitants, venus probablement de points divers, mais du Nord sans doute plus que de l'Est. On estime qu'il est permis de conclure ainsi, d'après les monuments et les débris des époques primitives.

Moins de mille ans avant l'ère chrétienne, l'Armorique en était encore à l'âge de pierre. Toutefois, elle s'était rapidement constitué une sorte d'état social, qui n'était pas encore d'un ordre bien élevé, mais qui suffisait à ces rudes peuplades. Devait-elle cette civilisation à sa situation géographique et à un commencement de commerce maritime? On a constaté qu'elle était en relations avec les races méditerranéennes, plusieurs siècles avant l'arrivée des légions romaines ; mais elle s'obstina longtemps à ne pas subir leur influence morale.

C'est que ces populations septentrionales étaient de bonne heure sorties de l'état de barbarie. Elles en étaient arrivées à une genèse de société humaine, particulière et conforme à leurs besoins. Elles possédaient des troupeaux, des animaux domestiques; elles avaient l'usage du cheval, ainsi que du bœuf et du chien ; les céréales ne leur étaient pas inconnues, et elles savaient le travail du lin. Vers la contrée occidentale, où la température est assez douce, poussaient certains arbres fruitiers. Déjà l'on fabriquait des vases de terre ; le lait et le fromage étaient des aliments familiers. La ressource de la chasse et de la pêche rendait encore à ces peuples la vie moins difficile.

Par suite, leur état social était plus avancé qu'on ne croirait. Leur organisation en familles, en tribus et en clans suppose une idée, sinon une forme arrêtée de gouvernement ; les clans de commune origine composaient sans doute une confédération, à la manière des cités gauloises vers l'époque des guerres romaines. Mais la religion surtout était instituée. Assurément, il est impossible d'affirmer ou qu'ils eussent un culte, ou en quoi consistaient leurs croyances. L'homogénéité de leurs monuments funéraires, telle qu'elle a été démontrée, les pierres non taillées qu'on y a découvertes universellement, voilà qui atteste du moins, outre un respect pour les morts, l'attachement de ces races, privées de chronologie et partant d'histoire, à un héritage de traditions. C'était comme un monde à part, assez ignoré du dehors. Des migrations devaient, de temps à autre, jeter quelques troubles dans cette simplicité ; mais les nouvelles tribus se confondaient successivement, en raison de leur infériorité morale, avec les anciens colons. A peine si l'arrivée des hommes portant des armes de bronze marque une date ou un pas en avant dans cette civilisation spéciale.

Ère Celtique. - Époque Gallo-Romaine

L'âge de bronze nous reste à peu près aussi obscur que celui de la pierre polie ; ces deux périodes présentent des différences à peine sensibles. Que de siècles ne fallait-il pas pour remuer jusqu'au fond et renouveler les primitives masses populaires ! L'étude des sépultures

Alignements de Carnac.

seulement projette quelque lumière sur ces temps indéterminables. On ne trouve pas trace, vers l'Ouest, d'ensépulturement par incinération; peu de groupes compacts dans les cimetières armoricains; presque partout des sépultures isolées. Les Celtes, qui occupaient dès lors le pays, enterraient leurs chefs sous les *dolmens*; leurs inhumations se firent toujours en des chambres mégalithiques. Et ils n'eurent pas à inventer cet usage funéraire : ils l'avaient trouvé, comme bien d'autres, chez les premiers occupants, et ils l'adoptèrent. De là, l'impossibilité d'assigner une date à certains monuments mégalithiques (ceux de Carnac et de Lokmariaker, par exemple).

Les peuples de race celtique, apparus vers l'âge de bronze, ne renoncèrent pas à la pierre polie. Les chefs gaulois furent enterrés suivant les rites anciens, bien qu'on enfermât des métaux dans leur sépulture. Les Celtes ne devaient pas si vite changer de mœurs; vivant dans un état prospère, ils n'avaient pas un intérêt immédiat à en sortir; ils avaient plutôt à redouter les innovations qui leur parvenaient du dehors; c'était pour eux un péril, et ils leur empruntaient juste de quoi s'en garantir.

Cependant une transformation s'opérait dans le monde antique. Peut-être sept ou huit siècles avant notre ère, éclata dans les clans celtiques un grand mouvement religieux. Des hommes à la fois législateurs profonds et habiles éducateurs établirent, à la place des vagues traditions populaires, une manière de religion positive; ils instituèrent le *druidisme*, qui devait, entre leurs mains, devenir un instrument de domination et de gouvernement.

Quelle organisation la théocratie druidique apporta-t-elle aux peuplades armoricaines? On ne sait là-dessus rien de constant. Et l'on est astreint à observer la même discrétion sur les cérémonies du culte, puisque les prêtres eux-mêmes n'en ont rien révélé à la postérité, et qu'il ne nous a été transmis à ce sujet que les *on-dit* des Grecs et des Latins.

Les druides, venus de l'île de Bretagne, avaient étendu déjà leur puissance religieuse et politique sur la Gaule, longtemps avant les expéditions romaines. Leur rôle était considérable en tout temps; il devenait, en temps de guerre, de la première importance. Les druides avaient contribué à lier entre elles par une sorte de confédération les différentes tribus gauloises ; ils s'appliquèrent à donner un caractère pour ainsi dire national et sacré au soulèvement général des Gaules contre les légions de César. Aussi bien l'attention des Romains, une fois attirée sur le druidisme, ne s'en détourna plus jusqu'à son extermination ; jamais ils n'accordèrent le droit de cité à un Gaulois, s'il n'avait d'avance abjuré la religion des druides.

C'est en Armorique peut-être que ce culte fameux opposa la plus vive et la plus longue résistance aux idées romaines ; il n'en disparut même que devant le christianisme, après dix siècles environ d'existence. Ce pays écarté se prêta dès l'origine à l'influence druidique. Les forêts et les îles armoricaines, mieux que les savantes retraites d'Autun et de Chartres, étaient des lieux naturellement fermés aux gens et aux choses des *hautes terres ;* les habitants en étaient farouches avec l'étranger ; de cet éloignement et de leur propre nature, ils tenaient un penchant à l'idéalisme et à la mysticité, que les druides paraissent avoir su tourner au service de leur cause personnelle. La Bretagne ne semble-t-elle pas, du reste, avoir été vouée à être une terre de religion ?

Les Armoricains ne se montraient belliqueux qu'à l'occasion ; ils ne prenaient guère les armes que pour défendre leur territoire. Quand ils furent entrés dans l'alliance offensive et défensive des cités gauloises, lors des guerres de l'indépendance, ils furent les plus ardents à la lutte suprême ; et César ne vit qu'un moyen de les dompter, à la suite de la victoire, ce fut de se montrer implacable et de les effrayer par le châtiment : le Sénat entier des Vénètes fut condamné et tous les sénateurs mis à mort. Deux ans après, en 54, nouveau soulèvement, qui n'amena aucune catastrophe, les Armoricains s'étant dispersés à la nouvelle d'une défaite que César venait d'infliger aux Nerviens et aux Eburons ; mais en 52, ils prirent encore part à l'insurrection générale de Gaules. Ils ne furent pacifiés que l'année suivante. La paix romaine anéantit à jamais l'alliance nationale des Gaulois et l'indépendance des *cités* particulières. L'Armorique fut tranquille environ deux siècles ; elle fit partie de la Gaule Chevelue, puis de la Lyonnaise.

La bataille navale où fut détruite la flotte des Vénètes, en 56, prouve chez les Armoricains une certaine expérience de la manœuvre ; montés sur des navires à hauts bords, ils ne se servaient pas de rames ; certes, leur art de la voilure était encore primitif et grossier, leurs voiles étant des peaux cousues ensemble : mais cela indique déjà une habitude des navigations lointaines.

La plupart des villes gauloises étaient bâties sur les promontoires, à une faible distance du rivage. Ces villes étaient rares, et c'étaient plutôt des postes retranchés, où la population trouvait un asile en cas de danger extérieur. Cinq peuplades occupaient la péninsule armoricaine : 1° les *Nannètes*, dont la capitale était probablement *Condevincum* (Nantes) ; 2° les *Vénètes*, avec *Dariorigum* (Vannes) pour capitale (avant la conquête romaine, la capitale était probablement à Lokmariaker) ; 3° les *Osismiens*, capitale *Vorganium* (Carhaix), et villes principales *Aquilonia, Gesocribate*... ; 4° les *Curiosolites*,

Fanum Martis (Corseul) capitale, et Kozleodet (Ieaudet, Guéodet, *Vetus Civitas*), *Alethum* (Aleth)... villes principales ; 5º les Rhédons, avec *Condate* (Rennes) pour capitale. — Au IVe siècle, les capitales se transformèrent en *Civitates* ; *Vorganium* devint *Civitas Osismorum* ou simplement *Osismor*. Quelques auteurs ont avancé que l'Armorique renfermait, outre ces cinq peuples, les Lexoviens à Ieaudet (Lexobie), les Ambiliates à Lamballe, les Diablintes dans la contrée de Dol. C'est une opinion tout à fait hasardée ; aucune de ces dernières tribus gauloises n'habita la péninsule armoricaine.

Après la conquête, les Romains couvrirent le pays de forteresses et de villes, laissant au milieu un massif de profondes forêts, comme un territoire neutre interposé entre les cinq peuplades. Ils établirent pourtant une voie stratégique entre *Condate* et *Vorganium* ; et de cette dernière ville rayonnèrent d'autres voies (au nombre de sept, dit-on), vers les extrémités de la région. De solides routes, coupées de stations et de camps retranchés, relièrent entre elles les nouvelles cités gallo-romaines. Dès le temps d'Auguste, on vit des municipes se fonder, où les lettres latines et grecques furent enseignées dans les écoles publiques. Sous Claude fut proclamée officiellement la dissolution des collèges druidiques. Par toute la presqu'île d'Armorique s'élevèrent des villas, dont les ruines de Corseul ont attesté la richesse et le luxe. Cette prospérité finit avec les Antonins.

Alors les exactions du fisc n'eurent pas de bornes ; la paix romaine devint odieuse, et l'insurection des *Bagaudes*, au IIIe siècle, rappela toutes les horreurs de la guerre des Gaules. Cette campagne de revendications était organisée par des paysans, des déserteurs et des gens sortis de prison. Le sac d'Autun, par Tétricus, en 270, paraît donner le sens général de cette révolte : la vieille cité druidique était devenue un centre des études nouvelles, et sa ruine était indiquée comme celle du parti romain dans les Gaules. Ce soulèvement trouva l'Armorique prête. Elle accorda aux Bagaudes le plus fort appui, et leur fournit un contingent considérable. Mais, cette fois encore, elle porta le poids de la défaite ; elle fut ravagée par les légions et dévorée, comme une proie, par les intendants civils : ce fut une lutte d'extermination. Bientôt la région fut dépeuplée, déserte et changée en une vaste solitude de landes et de bois ; c'était, au dire des auteurs anciens, le coin le plus désolé des Gaules.

Une dernière fois, la haine du nom romain rallia les peuplades de l'Ouest. Un siècle à peine après les troubles de la *bagaudie*, toutes les villes occidentales, depuis la Garonne jusqu'à la Loire, avec quelques autres entre la Loire et la Seine, chassèrent définitivement les magistrats de l'empereur et constituèrent la libre confédération des *cités armoricaines* (409). Jamais république ne se montra plus jalouse de son indépendance et de ses droits. Dans un esprit de revanche, les cités coalisées allèrent jusqu'à donner leur concours aux Francs, nouveaux venus sur le sol gaulois, parce que Rome était leur commune ennemie. Vers le même temps, d'autres arrivants, mais ceux-ci, les Bretons insulaires, attestant la la même origine que les vieilles tribus de la Gaule, recevaient l'hospitalité sur les plages de l'Armorique.

Dolmen, a Lokmariaker.

II

Émigrations et Établissement des Bretons Insulaires en Armorique.

Deux opinions ont eu cours sur l'établissement des Bretons en Armorique. Il suffit d'exposer simplement la première, pour montrer combien elle est inadmissible.

Un chef des Bretons insulaires, Conan Mériadec, aurait débarqué dans la péninsule armoricaine avec tous ses guerriers, vers 383, au moment où Maxime usurpait l'empire ; il se serait emparé du pays entier, et sous la protection de Maxime il aurait pris le titre de roi. On prétend que la chute même de l'usurpateur n'ébranla pas le trône de Conan. Tout au contraire ; le nouveau roi des Bretons fit la guerre aux Romains ; il affermit son autorité, et à sa mort il transmit son titre à des héritiers dont certaine histoire énumère la succession : Salomon ou Salaün, Gradlon, Audren, Erech, Eusèbe, Budic, Hoël, Canao, Judual, etc.

Ce système historique ne supporte pas la critique. Il n'est question de Conan et de ses successeurs immédiats ni dans saint Gildas, qui écrivait au VIe siècle, ni dans le vénérable Bède (VIIIe siècle) ; leurs noms n'apparaissent que cent ans au moins encore plus tard, dans des traditions soi-disant populaires ou des récits apocryphes, recueillis par Nennius, puis paraphrasés en latin, au XIIe siècle, par Geoffroi de Monmouth. Et de plus, est-ce que cette monarchie de Conan Mériadec n'est pas une bien grosse erreur, pour qui considère qu'on en est à une époque de début et qu'il est question de cette race bretonne, si rebelle de tout temps à une idée de centralisation politique ? Enfin, il est avéré que les Bretons insulaires abordèrent en exilés, bien loin d'envahir l'Armorique en conquérants ; ils vinrent par bandes isolées, et ils mirent ainsi plus d'un siècle à s'installer sur cette terre nouvelle, d'où ils n'étaient pas repoussés ; ces groupes restèrent longtemps partagés, comme dans leurs pays d'origine, en petites principautés.

Ils fuyaient devant les Angles et les Saxons, qu'il avaient eux-mêmes appelés à leur secours contre les Pictes et les Scots, un jour que les légions romaines, dont on avait besoin sur d'autres points de l'empire, les livrèrent à leurs seules ressources. La lutte fut longue contre les Anglo-Saxons, devenus à leur tour des envahisseurs, et elle ne fut pas sans gloire pour les insulaires. Mais les Bretons n'étaient pas les plus nombreux, ou du moins de nouveaux renforts venaient sans cesse réparer les pertes de l'ennemi. Il faut ajouter que des divisions intestines étaient pour les indigènes une cause de faiblesse irrémédiable. Refoulés jusqu'à la mer, ils se jetaient dans des barques, plutôt que de reconnaître la loi des Saxons, et ils faisaient voile vers l'Armorique.

Les *Cornovü* furent des premiers à s'exiler ; ils débarquèrent sur le territoire des Osismes, vers le milieu du Ve siècle (peut-être vers 460). Dès lors l'émigration poursuivit son cours, et les colonies diverses s'établirent par tribus, chacune emportant sa géographie locale et appliquant au pays occupé les noms de l'ancien clan. Après les *Cornouaillais*, partirent ceux de la Domnonée, qui abordèrent chez les Curiosolites, avec Riwal, dit-on, pour chef. Vers la même époque, dans les premières années du VIe siècle, le Léon aurait été envahi par un prince nommé Withur. Déjà des tribus bretonnes étaient descendues jusqu'aux terres des Vénètes, sous la conduite de Waroch ou Erech.

Les émigrés ne partaient ainsi, en masses compactes, avec un prince du pays à leur tête, qu'après une bataille sanglante et une grande défaite. C'était l'émigration pour ainsi dire nationale et régulière. Mais les routes de l'exil, dès qu'elles sont ouvertes, attirent comme un gouffre ; il y a dans l'émigration un mauvais exemple où les peuples succombent fatalement. Le courant, sans cesse entretenu par des émigrations partielles, dura bien cent cinquante ans ; et l'on conçoit aisément que ces départs successifs aient produit un déplacement considérable de la population insulaire : « Magna part incolarum... » (S. *Gildas*.)

Le penchant à la vie religieuse entraîna, d'autre part, un grand nombre vers les déserts et les forêts de l'Armorique, loin du tumulte des guerres : le monachisme, sous la forme érémitique ou cénobitique, marque toute époque de foi nouvelle ; les Bretons, récemment convertis à la religion du Christ, étaient plus portés que toute autre race aux mystères de l'idéalisme chrétien. On vit alors des époux déserter, dès la nuit nuptiale, le toit où ils étaient voués à vivre, comme saint Efflam, pour se donner à Dieu dans l'abstinence de la chair. La légende raconte que sainte Hénora entrevit dans un songe son mari Efflam fuyant vers l'Armorique ; à son réveil, elle monta dans une barque et rejoignit Efflam dans la baie de Saint-Michel en Domnonée ; ensuite, chacun d'eux bâtit son monastère, et ils vécurent le reste de leurs jours, aux deux bouts de la grève, séparés d'une lieue, une cloche les appelant, aux mêmes heures, pour des occupations, des prières ou des pensées communes. Ce n'est là qu'un exemple, entre des milliers, de ces actes de ferveur religieuse. Et les monastères, naturellement, tiennent partout une place très grande, à cette époque où la légende toutefois est difficile à distinguer de l'histoire.

Les émigrés ne partaient pas toujours, on le voit, sous l'autorité d'un prince ou d'un guerrier ; souvent un religieux servait de guide à une population entière. (Leur cause était la même ; qu'on se rappelle ces moines de Bangor priant sur une colline pour leurs compatriotes, durant une bataille fameuse : les Bretons furent vaincus, et les moines, tous égorgés par les Barbares.) Portés sur des nacelles en cuir, les émigrants chantaient, « sous leurs voiles déployées, les lamentations du psalmiste. » A chaque moine, ou « à chaque saint qui débarque en Armorique, venant de la Grande-Bretagne, c'est une nouvelle bande d'émigrés qui débarque avec lui. » Ces missionnaires monastiques fondaient des communautés, dont quelques-unes furent transformées en évêchés. Telle fut l'origine de Dol, par exemple, avec saint Samson ; de là encore la légende des « sept saints de Bretagne », tous moines et évêques : Malo, Samson, Brieuc, Tugdual de Tréguier, Paul de Léon, Corentin de Quimper et Patern de Vannes (ce dernier seul n'était pas un Breton insulaire). Deux autres évêques avaient été déjà établis en Armorique, l'un dans la cité des Nannètes, et l'autre à Rennes. Ceux-ci relevaient de la métropole de Tours ; celui de Vannes (l'évêché vannetais remonte à l'an 465) se joignit souvent à eux, méconnaissant la suprématie de Dol, que les évêques de la Cornouaille, du Léon et de la Domnonée admettaient généralement, surtout à partir du règne de Noménoë. C'est à tort cependant qu'on a placé à Dol un siège archiépiscopal ; à Dol résidait simplement le premier pontife de l'Eglise bretonne ; mais on ne saurait exactement dire en quoi consistait sa préséance. Il y aurait donc eu en Armorique comme deux Eglises : l'une, irrévocablement romaine ; l'autre, pour ainsi dire celtique, se souvenant de quelques privilèges originels et les revendiquant comme une marque d'indépendance ou du moins d'autonomie nationale. La tolérance des papes dut bien des fois empêcher le schisme d'éclater.

Ce dualisme n'existait pas seulement dans le domaine religieux. Les Bretons, réfugiés ou appelés en Armorique, ne tardèrent pas à rompre de tous points avec l'ancienne population de la péninsule, moins armoricaine que gallo-romaine, que les émigrations celtiques avaient vite rendue bien inférieure en nombre. Le prétexte d'une première rupture fut le secours prêté aux Francs par les *cités armoricaines*, qui s'unirent même à Clovis contre les Burgundes et les Visigoths ; les Bretons, arguant de cette alliance étrangère, prétendirent se rendre les maîtres chez eux et posséder la terre qu'ils occupaient. L'Armorique se trouva alors coupée en deux régions : la *Romania*, aux Armoricains et aux Gallo-Romains, avec Rennes et son territoire, tout le pays nantais (moins la presqu'île de Guérande), Vannes et la partie orientale de l'ancienne *Vénétie* ; la *Britannia*, comprenant le reste de la contrée jusqu'aux deux mers.

Cette Bretagne se composa de quatre comtés ou petits royaumes : la Domnonée, le Léon, la Cornouaille et le Bro-Erech, ou Vannetais *bretonnant*, qui s'étendaient le long des côtes. A l'intérieur, deux principautés : celle de Poher, avec Carhaix pour capitale ; le Pontrécoët ou Porhoet, renfermant la forêt de

Brécilien ou Brocéliande et les territoires à l'entour, c'est-à-dire la région comprise entre les monts du Menez, le cours de l'Oust et une ligne allant de Ploërmel à Saint-Méen par Montfort. Cependant, jusqu'au IXe siècle, avant Noménoë, la limite orientale des *pays bretons* reste indécise.

Les comtes et les princes étaient indépendants entre eux, mais ils s'unissaient, probablement, au premier signal de péril général ou particulier, sans qu'une alliance formelle et positive eût besoin d'être proclamée. Ils gouvernaient suivant les usages apportés d'outre-mer. L'organisation politique de la Bretagne armoricaine fut d'abord à peu près la même que celle des Bretons insulaires. Au-dessous du comte ou *regulus*, venait le *mactyern*, dans lequel on a cru retrouver un chef de clan à la manière des temps antiques, une façon de souverain dans une petite peuplade ; c'était un magistrat (au sens général de *magistratus*), dont les attributions, faute de documents contemporains, sont restés difficiles à définir. D'ailleurs, on en est réduit à des probabilités ou à de simples conjectures sur tous ces commencements de la nation bretonne en Armorique, pour cette même raison, que les premiers documents où il en soit question leur sont bien postérieurs. Le *mactyern* est souvent confondu avec le *tyern* (les auteurs latins ont traduit par *tyrannus* ce mot d'origine celtique), qui était à la tête d'un *plou* ou d'une bourgade; l'autorité — au moins morale — des *tyern* ou chefs héréditaires des paroisses s'est transmise aux seigneurs féodaux, aux châtelains et aux maîtres-de-manoir jusqu'à nos temps modernes; la grande Révolution même n'a pas supprimé du premier coup ces « principes plebis. »

Les comtes de Vannes, de Cornouaille, de Léon et de Domnonée durent, à certains moments, reconnaître les prérogatives du roi des Francs. Childebert est le premier suzerain que citent les « Vies des Saints » et les vieilles chroniques. Sa suprématie est reconnue, ou mieux, son intervention est invoquée surtout par les moines et les missionnaires bretons : ainsi, par Tugdual et Paul Aurélien ; l'abbé Armel reste sept ans à la cour de Childebert ; Samson, encore abbé à cette époque, supplie le prince franc contre Conomor ou Comor, gouverneur d'une partie de la Domnonée (d'autres disent, du Vannetais occidental) qui détient iniquement un chef indigène. Du reste, il ne faudrait pas voir dans ces appels au roi étranger une inimitié entre les évêques et les princes bretons. Les évêques et les moines, au contraire, firent preuve d'une extrême habileté dans leurs relations extérieures et ils s'opposèrent de toutes leurs forces aux entreprises du dehors qui menaçaient l'indépendance du pays. N'est-ce pas aux conseils d'un moine, s. Téliau, que les Bretons durent la supériorité de leur cavalerie? Au IXe siècle, le monastère de Redon fut, pendant les glorieuses luttes de Noménoë, un « foyer de propagande nationale. » Auprès des princes, le rôle des religieux et des saints fut tout pacifique ; ils s'efforcèrent de régler ces natures fougueuses et indomptées. On rapporte que Gradlon, comte de Cornouaille, était un cœur farouche et livré à tous les emportements ; les exhortations de s. Gwennolé le rendirent plus doux, et ensuite il « gouverna pieusement son royaume. » L'autorité des évêques et des abbés, d'ailleurs, devenus peu à peu maîtres des biens temporels, possédant des fiefs et jouissant de tous les droits seigneuraux, s'exerçait sans contrôle au-dedans des abbayes et du territoire épiscopal. L'Eglise bretonne eut son organisation particulière; les comtes et les *mactyern* n'eurent que rarement à se plaindre de sa rivalité; ajoutons qu'elle n'était guère soulevée par les ingérences du pouvoir séculier. Mais on doit toujours faire une exception, dans l'histoire de toute cette époque, pour les évêques de Rennes et de Nantes, qui restaient en dehors de la Bretagne, comme pour celui de Vannes; ainsi le prouvent les paroles de Régalis à Ebrakaire, lieutenant de Gontran, un roi des Francs, contre les incursions de Waroch : « Nous sommes tenus en servitude par les Bretons... » Le territoire de ces trois villes, Rennes, Nantes et Vannes, « demeuré aux anciens peuples de l'Armorique », était échu en partage au dernier fils de Clotaire.

Bien des raisons amenaient les Francs vers cette contrée de l'Ouest. Et d'abord, en portant les armes de ce côté, ils accomplissaient ce qu'on a nommé le « testament de Clovis », un rêve de la conquête entière des Gaules.

De plus, la « solitude armoricaine » excitait leurs convoitises. Ce désert se peuplait. Les moines défrichaient la lande et les ermites avaient pénétré au plus profond des bois antiques ; Gwennolé, Idunet, Envel, l'aveugle Hervé, etc., avaient fondé leurs stations entre Lann-Tévennek et le Ménez-Bré. Les brigands eux-mêmes, comme Gonver et tant d'autres, qui occupèrent le pays en maîtres absolus, subissaient l'influence des missionnaires ; les bêtes féroces s'apprivoisaient devant les hôtes nouveaux de la forêt ; le gibier trouvait un droit d'asile autour des ermitages chrétiens. Les légendes d'alors sont remplies de faits merveilleux, où l'empire de ces missionnaires sur la nature et sur les animaux semble extraordinaire et surnaturel. En peu de temps, chaque ermitage devenait une fertile colonie, une paroisse : car ces moines ont tenu lieu de tout autre clergé pendant plusieurs siècles. La Bretagne armoricaine n'était donc plus une possession à mépriser. Mais les Francs y étaient encore moins attirés par un appât que contraints d'y conjurer un péril. Les Bretons avaient chassé vers le S. et vers l'E. les anciens habitants du pays ; ces Armoricains étaient les alliés des Francs ; la population qui s'était emparée des plages passait pour vaillante, jalouse de ses droits, aussi capable de résister que d'envahir, puisqu'elle avait déjà bâti des villes-fortes, peu habitées d'ordinaire, mais destinées en temps de guerre à servir de refuges. Les Bretons ne manquaient pas une occasion d'attester leur indépendance devant les Francs. Ils donnaient même l'hospitalité aux rebelles, comme Chramne, et ils les soutenaient de leurs armes. C'est ainsi que Clotaire vint en personne combattre les alliés de son fils. On sait la fin de Chramne ; une partie de la Bretagne, en ce temps-là, fut ravagée.

Alors s'ouvre une période obscure de luttes incessantes et de paix mal gardées ; c'est une longue guerre entre deux races, dont l'une prétend à la suprématie, tandis que l'autre repousse comme un asservissement une souveraineté même nominale. A peine Clotaire est-il mort, que Waroch, chef du Bas-Vannetais, se jette sur les terres restées aux Armoricains et passées dans l'héritage de

Chilpéric ; l'armée des Francs accourt, beaucoup plus nombreuse que les bandes bretonnes ; mais Waroch use de stratagèmes et extermine les Francs. Et le vainqueur pourtant, se défiant de ses forces, offre la paix, rend la ville de Vannes, mais en demandant de l'administrer, moyennant un impôt annuel (578). Ce n'est là qu'une ruse de guerre. A peine les Francs sont-ils rentrés chez eux, que Waroch reprend les armes ; le pays rennais, puis celui de Nantes, sont dévastés ; les Francs menacent de tout passer au fil de l'épée, et Waroch se soumet encore, pour recourir bientôt, disent les auteurs de cette époque, à de nouvelles « perfidies ». Puis, d'autres soulèvements encore, suivis de représailles ; et Waroch disparaît de l'histoire, à la suite d'une bataille sanglante. Grégoire de Tours n'a pas plus rendu justice à ce vaillant chef du Bro-Erech, que le biographe Eginhard n'a reconnu les qualités de la race indomptable des Bretons. Jusqu'à Louis-le-Débonnaire, les rois francs ne comprirent pas qu'il était plus facile d'exterminer ce petit peuple que de l'asservir. On a soutenu que Pépin-le-Bref tenta sérieusement la conquête de la Bretagne et qu'elle fut achevée sous Charlemagne. Les armées de Charles, comme celles de Pépin, guerroyèrent contre les Bretons, de 786 à 799. Mais on occupait vainement le pays ; ce n'était là qu'une prise de possession violente et jamais reconnue, et partant une conquête toujours illusoire. Les Bretons étaient condamnés à un tribut; ils ne le payaient jamais que la main forcée. Ils étaient traités de barbares par les Francs, à cause de leur facilité à rompre les traités ; eux estimaient que ces traités imposés par la force ou la violence ne les liaient que pour la circonstance, et que la valeur en était nulle. C'est pourquoi les victoires des Francs furent toujours peu décisives. L'année même où mourut Charlemagne, Jarnithin, prince du Bro-Erech, soulevait les Bretons, sans résultats sérieux cette fois. Ensuite, la Bretagne entière prit les armes à la voix de Morvan ; l'empereur, accouru lui-même contre les rebelles, éprouva un premier échec ; avant de livrer une seconde bataille, Morvan fut assassiné par un soldat franc. Quelques années après, nouvelle révolte sous la conduite de

Wiomarc'h, qui périt comme Morvan, de mort violente et fut tué dans sa propre maison. Enfin Louis-le-Pieux crut que le seul moyen de maintenir les Bretons dans le devoir, c'était de mettre à leur tête un chef indigène, élu par l'empereur, mais chargé de contraindre les *tyern* à ne plus sortir de leurs frontières, comme les Francs à respecter le territoire voisin : son choix se porta sur Noménoë.

L'occupation carolingienne touchait à son terme. De nouveau, les Bretons s'étaient emparés de Vannes, et ils s'étaient établis définitivement dans le Vannetais oriental, jusqu'à la Vilaine. Au bout de quatre siècles, ils devenaient les maîtres incontestés de la péninsule armoricaine ; après avoir été tenus quarante ans sous le joug des Francs, ils trouvaient un vengeur, dont les victoires allaient, pour un temps, transporter jusqu'au plein cœur des Gaules les frontières de la Bretagne.

III

Unification de la Bretagne.

Noménoë.

L'origine de Noménoë (Nominoë ou Néomène) est diversement racontée. Les uns veulent qu'il ait eu une naissance obscure, parce qu'il n'est jamais question de lui avant le choix de Louis-le-Débonnaire ; d'autres affirment que ce choix même est la preuve du contraire. Il ne tarda pas, son élection faite, à fixer sur lui l'attention. Il fit comprendre à ses compatriotes que leur liberté était intacte, puisque le pays avait à reconnaître un prince breton ; aux chefs francs, il déclara que violer le territoire confié à sa garde, ce serait manquer de respect à l'autorité de l'empereur. Cette habi-

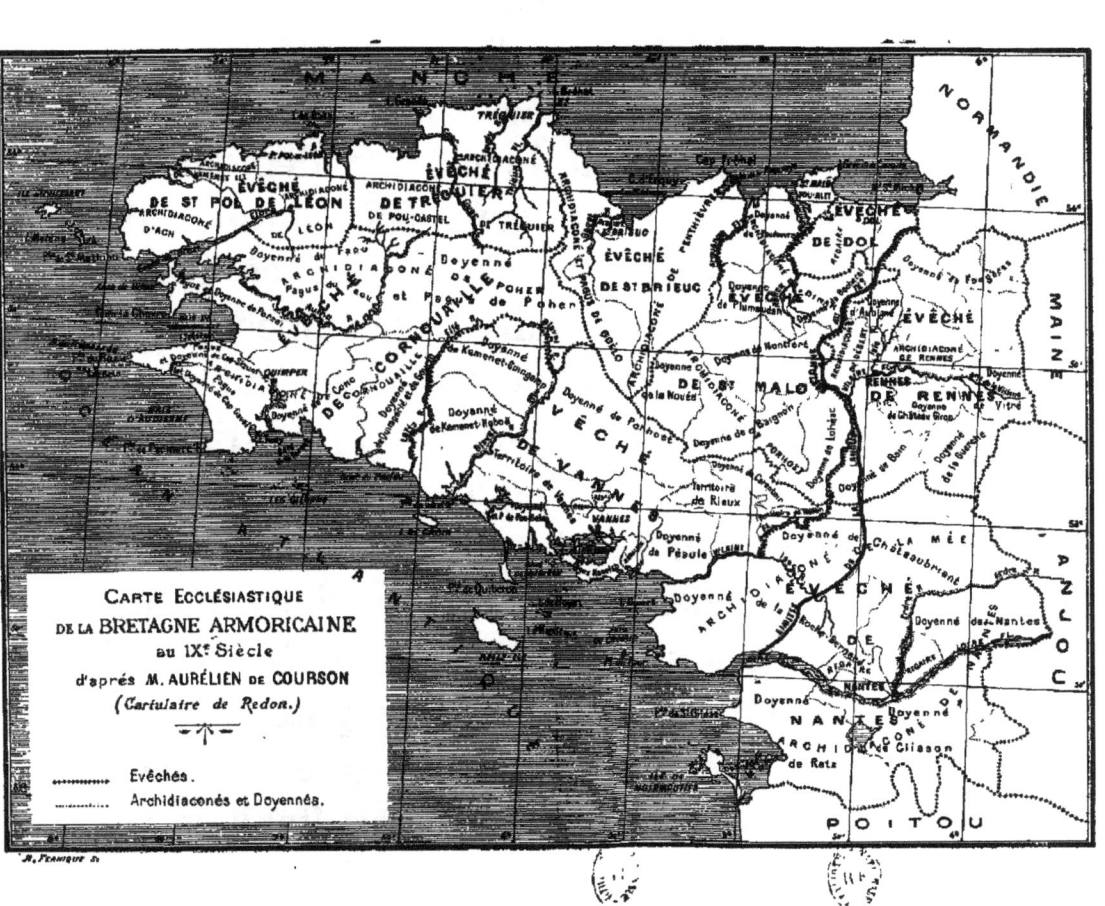

leté porta ses fruits ; la Bretagne devint tranquille et prospère. Ces succès valurent à Noménoë la jalousie des courtisans ; mais l'empereur continuait sa confiance à l'heureux et prudent chef breton. Enfin, ébranlé par les calomnies, Louis suivit les conseils du chambellan Bernard et prit le commandement de ses troupes pour venir dans les Marches de Bretagne enlever le pouvoir à Noménoë. L'ambition de Bernard éveilla les soupçons des autres lieutenants ; la défection se mit dans l'armée franque, et l'empereur, emprisonné par ses trois fils, dut abdiquer en leur faveur. En ces circonstances, Noménoë témoigna d'une grande reconnaissance envers le vieux prince dont il tenait ses dignités ; une telle fidélité fut loin de lui nuire. De plus en plus, il affermissait son gouvernement par une administration équitable. En 826, il avait établi sa résidence à Vannes, qui se vit bientôt incorporé à la patrie bretonne. Il aida puissamment le clergé national et combla de faveurs l'évêché de Dol, ainsi que la célèbre abbaye de Redon, dont le fondateur Convoion lui fut ensuite d'un utile secours. Après la mort de Louis-le-Débonnaire, les Francs recommencèrent leurs invasions en Bretagne ; Noménoë envoya Convoion auprès de Charles-le-Chauve demander si l'empereur autorisait ces incursions, que ne provoquait aucunement la conduite pacifique des Bretons. Les chefs francs furent rappelés et désavoués ; la Bretagne eut encore une nouvelle période de repos. Ensuite, fut livrée la bataille de Fontenay ; et Noménoë secoua le joug : il était prêt.

Charles-le-Chauve marcha sur le rebelle avec une armée formidable, pour l'époque ; il rencontra celle des Bretons sur le territoire de la petite ville de Bain (845) ; la bataille fut acharnée de part et d'autre ; elle dura deux jours : les Francs furent complètement battus. L'année suivante, Charles-le-Chauve revint, avec de nouvelles forces ; mais il se retira avant d'avoir vu l'ennemi en face, et fut contraint de reconnaître solennellement l'indépendance de la Bretagne (846). Noménoë se hâta de mettre à profit sa victoire : il s'empara des comtés de Rennes et de Nantes, et proclama le duché de Bretagne constitué. Cependant la guerre éclatait encore avec Charles-le-Chauve. Noménoë se jeta dans l'Anjou, partout victorieux, prenant les villes sans coup férir ; il aurait en peu de temps achevé la conquête de tout le comté, s'il n'avait été rappelé en arrière par la défection de Nantes et de Rennes. Ces deux villes furent sévèrement punies de leur trahison ; emportées d'assaut, elles furent démantelées et de longtemps empêchées de recevoir les Francs. Et Noménoë de retourner aussitôt à ses conquêtes, dans le Maine, dans le Vendômois. Le péril devenait grave pour Charles-le-Chauvre. Noménoë avait déjà pénétré dans le pays chartrain, où rien ne résistait à sa « furie bretonne », lorsqu'on apprit soudain sa mort (851).

Cet évènement inattendu fut accueilli chez les Francs avec une explosion de joie. Les évêques exprimèrent le jugement le plus sévère sur Noménoë, qu'ils appelaient un dangereux ennemi de l'Église ; et ils virent la main de Dieu dans sa fin prématurée. Naturellement, les Bretons n'avaient pas la même opinion sur le libérateur du pays, qui avait assuré, par la conquête de Rennes et de Nantes, l'unité du commandement en Bretatagne et fondé la nationalité bretonne. Les évêques indigènes non plus ne proféraient pas les mêmes anathèmes que le clergé de France ; les moines de Redon ensevelirent le corps du héros, qui fut leur bienfaiteur, dans l'église du monastère.

Érispoë.

L'empereur crut le moment favorable pour prendre sa revanche. Il organisa une quatrième expédition contre la Bretagne. Erispoë, qui venait de succéder à son père, avait des forces inférieures ; mais il n'hésita pas à attaquer l'ennemi et remporta sur les Francs une victoire décisive. Charles-le-Chauve offrit la paix à Erispoë, qui l'accepta, à la condition que l'empereur lui conférerait l'investiture des comtés de Rennes, de Nantes et de Retz, et confirmerait toutes les conquêtes de Noménoë dans l'Anjou et dans le Maine. Les chartes de cette époque mentionnent le duc des Bretons comme « gouvernant la Bretagne jusqu'à la rivière du Maine. » L'œuvre de Noménoë résistait aux Francs ; elle était menacée par un autre ennemi, bien moins redoutable par le nombre, mais secondé surtout par la terreur que la légende propage quelquefois autour d'nn nom.

Les pirates normands, après avoir déjà remonté la Seine, se hasardèrent sur la Loire et débarquèrent de leurs nacelles en cuir (843), à Nantes, une première fois, durant les saints offices ; ils tombèrent à l'improviste, massacrèrent les fidèles et l'évêque, et disparurent, emportant les vases sacrés. Depuis, ils étaient revenus et repartis avec leur butin. Vannes fut attaqué et ne dut sa délivrance qu'à Erispoë, devant lequel s'enfuirent les Barbares. Le fils de Noménoë eut à peine le temps, du reste, de se montrer digne de son père ; un jour qu'il était en prières, dans une église, il fut tué sur les marches de l'autel, par les ordres de Salomon, qui fut son successeur.

Salomon ou Salaün.

Le nouveau règne, bien que commencé par un meurtre, ne se passa pas sans gloire. Les Normands étaient devenus la terreur universelle. La Seine et la Loire étaient leurs fleuves, d'où ils débarquaient nuitamment pour faire le pillage ; ils s'avancèrent dans la Vilaine, puis dans la Mayenne. S'étant emparés de Redon par surprise, ils détruisirent le monastère de Saint-Sauveur (868). Cette fois, Salomon ne put réduire et chasser les pirates ; il fut contraint d'acheter leur retraite au prix de cinq cents vaches. En 873, ils arrivèrent devant Angers, prirent la ville, et en firent leur place-forte. Devant le danger extrême dont le royaume était menacé, Charles-le-Chauve fit un appel à tous ses vassaux. Le duc de Bretagne joignit ses troupes à celles du roi. C'est même à Salomon que la France dut son salut, en cette occasion. Il imagina de creuser un canal le long du fleuve, où les Normands étaient tenus assiégés, dans leurs barques ; les eaux furent dérivées et la flotte ennemie resta à sec : rien n'était plus facile que d'anéantir les Barbares. Ils offrirent de traiter avec Charles-le-Chauve, qui accepta leurs propositions et leur permit d'hiverner dans les îles de la Loire. Tout l'honneur de cette guerre revenait à Salomon, qui rentra dans ses Etats comme un triomphateur. Mais tant de gloire n'apaisait pas les haines autour de lui. On ne lui pardonnait pas son usurpation. Lui-même était poursuivi de remords, et pour expier le meurtre d'Erispoé, il comblait de présents les églises et les monastères ; il conçut le projet d'aller jusqu'à Rome, et de demander au pape l'absolution ; il consulta les principaux seigneurs de Bretagne, qui le supplièrent de ne pas s'éloigner, parce que les Normands ne cessaient de ravager le littoral ; il se rendit à leurs raisons ; mais il accomplit son vœu, en faisant porter au pape une statue d'or de même taille que lui-même.

Comme Erispoë, Salomon périt de mort violente, assassiné par Gurvand, comte de Rennes, et Pascuéten, comte de Vannes, qui se partagèrent ses Etats. Voilà la Bretagne livrée à la guerre civile et de nouveau exposée aux revendications du roi de France. Au bout de trois règnes, les conquêtes de Noménoë se trouvaient gravement compromises. En effet, aussitôt après l'attentat commis sur la personne de Salomon, Charles-le-Chauve publia un capitulaire par lequel il proclamait ses droits sur le duché de Bretagne. Mais ces prétentions étaient au moins exagérées ; de toutes façons, elles restèrent vaines.

La Bretagne n'était pas une province détachée du domaine royal ; jamais elle n'avait fait partie intégrante du royaume ; c'était tout au plus un État subordonné ; le duc était bien moins un vassal qu'un allié du roi. A son avènement, il ne devait pas l'hommage (que rendra seulement un prince issu de la maison de France, Pierre de Dreux), et il ne prêtait aucun serment de fidélité ; son hommage était comme une marque de déférence envers un voisin puissant : pendant la cérémonie, il restait « debout et armé ». C'est que le duc tenait la Bretagne « de Dieu, et non du roi » ; il était duc « par la grâce de Dieu », et il gouvernait

« dans la plénitude de ses pouvoirs royaux et ducaux ». Sa couronne n'était pas « un cercle ducal, mais une couronne fermée, comme celle des rois. » S'il rendit jamais au roi l'hommage-lige, c'était pour ses seigneuries étrangères à la Bretagne. Quant à ses vassaux, loin de réserver, comme ceux de tous les grands feudataires, la fidélité qu'ils devaient au roi de France, leur serment au duc de Bretagne était « absolu et sans réserve »; ils reconnaissaient celui-ci pour leur souverain seigneur. Et, de fait, la Bretagne avait ses lois et ses institutions particulières. Le duc ne devait au roi « ni subside ni contingent militaire »; il n'était lié avec le royaume par aucune alliance défensive; il n'apportait ses secours et n'agissait que « par dévouement. » Le duc disposait seul de ses forces militaires; il délivrait des lettres de noblesse, et il avait, comme les souverains, sa monnaie d'or et d'argent. Les évêques et les abbés étaient nommés et reconnus par lui seul. Le clergé breton fut placé hiérarchiquement dans la province de Tours; mais il évitait, en toute occasion, de se confondre avec le clergé du royaume ; il avait ses synodes, convoqués et présidés par le duc. A chaque nouveau pape le duc envoyait directement son ambassade ; quand le pape adressait un bref ou une bulle, il y en avait toujours une expédition séparée « pour le clergé de Bretagne ». D'un autre côté, les ducs eurent beau tenter et beau faire, la suprématie métropolitaine de Dol ne fut jamais consentie par l'Eglise romaine. Sans nourrir aucune hostilité contre les Francs, les Bretons ne renonçaient à aucun de leurs droits acquis et ils étaient prêts à tout pour les maintenir. Mais les successeurs de Noménoë se virent affaiblis par la rivalité des comtes de Rennes, de Vannes et de Nantes ; ils ne purent même préserver le territoire des incursions normandes. Noménoë croyait « avoir fondé un royaume ; il ne laissait qu'un duché. »

Gurvand et Pascuéten.

A la mort de Salomon, malgré le capitulaire de Charles-le-Chauve, la Bretagne resta aux

Bretons. Mais les principautés dont elle se composait, se déclarèrent indépendantes : outre les comtés de Rennes et de Vannes, elle comprenait encore ceux de Cornouaille, de Léon, de Poher... Il est vrai que Gurvand et Pascuéten, les deux lieutenants les plus distingués de Salomon, exerçaient une sorte de pouvoir central, mais un pouvoir déjà partagé entre deux ambitieux. Leur rivalité attira sur le pays la discorde intestine. Incapable de tenir tête à Gurvand, le comte de Vannes appela les Normands à son secours ; le vaillant comte de Rennes les battit en toutes les rencontres ; il mourut, avant d'en avoir délivré la Bretagne, au cours de ses victoires. Pascuéten ne devait pas recueillir longtemps les fruits de sa trahison ; il fut bientôt assassiné par les Normands eux-mêmes. Alors éclata la guerre civile dans toute son horreur, sous les yeux des Normands, devenus les maîtres du territoire depuis la Loire jusqu'au Blavet.

Judicaël et Alain-le-Grand.

Cependant les Bretons, à la voix de Judicaël, petit-fils d'Erispoë, et du comte de Vannes, Alain, se rallièrent en face de l'ennemi, et infligèrent aux pirates la plus sanglante défaite ; Judicaël les poursuivait, avec une ardeur imprudente, lorsqu'ils se retournèrent sur lui à l'improviste ; et il tomba, enseveli dans son triomphe. Mais Alain compléta la victoire ; sur quinze mille Normands, c'est à peine si quatre cents eurent la vie sauve dans la fuite (891). Ce qui en restait dans la péninsule, sur la Vilaine ou sur la Loire, fut chassé. Alain reçut le surnom de *Roi Grand (Roé* ou *Ré bras)* ; il est même nommé dans les écrits d'un moine contemporain *Père de la Patrie* ; il restaura le trône de Noménoë, et il fut reconnu duc et roi.

Le comté de Nantes surtout avait été éprouvé ; les Normands n'y avaient pas laissé la moindre trace de sa prospérité. Dès 843, ils avaient remonté la Loire, comme on sait déjà, et ils arrivèrent sous les murs de Nantes, le jour de la Saint-Jean-Baptiste ; les pirates brisèrent les portes de la cathédrale, où l'évêque célébrait les offices ; ils firent un grand carnage, jusqu'à la fin du jour ; puis ils se retirèrent, entassant tout le butin qu'ils avaient ramassé sur leurs soixante-sept navires. Quelques années après, Nantes tombait encore en leur pouvoir et subissait un sac nouveau. Alain restaura ce pays si éprouvé ; le comté rentra dans ses droits antérieurs, comme le diocèse, qui reprit son importance et sa splendeur passées.

La Bretagne jouit d'une longue paix, sous le règne d'Alain, dont la mort, en 907, signala le retour des pires calamités. L'édifice de la grandeur bretonne, héroïquement élevé par Noménoë, croula, au bout de soixante ans, sous les coups des Barbares du Nord.

Occupation normande.

Les Normands reparurent; leurs invasions avaient cessé depuis leur échec de 891 : ce fut celle-ci la plus terrible de toutes.

La Bretagne, dit la *Chronique de Nantes*, trembla d'épouvante. Et pas un prince ne se leva, pas un chef ne se montra pour rendre le courage aux Bretons ; les fils d'Alain-le-Grand, au lieu de suivre les traces de leur père, avaient absolument renoncé à toute résistance ; les comtes et les *mactyern* s'étaient réfugiés en France, jusqu'en Bourgogne, et chez les Angles. On dit même que Charles-le-Simple céda ses prétendus droits sur la Bretagne aux Normands : le pays était donc livré à leur entière discrétion. Les moines aussi avaient quitté leurs abbayes, emportant les reliques des saints, pour lesquelles ils craignaient la profanation. Le peuple restait sans défense et sans conseil, abandonné à la rage des pirates. Tout fut saccagé par le fer ou le feu.

Où les Normands avaient passé, plus une habitation n'était debout, pas une voix humaine ne se faisait entendre. C'était par tout le duché une désolation égale à celle qu'on avait déjà vue dans l'île de Bretagne au V⁰ et au VI⁰ siècle. La péninsule était devenue le même désert qu'aux plus mauvais jours de la domination romaine. Les écrivains de cette époque disent que « la Bretagne était détruite. »

Peu de chose subsista des institutions que les Bretons insulaires avaient apportées sur le continent, lors des grandes émigrations ; l'invasion normande balaya toute leur organisation politique. La langue nationale reculait elle-même devant une telle occupation ; le breton se retirait peu à peu des évêchés de Dol et de Saint-Malo, et il perdait du terrain jusque dans les diocèses de Saint-Brieuc et de Vannes.

Mais un nouveau libérateur va venir, Alain dit Barbe-Torte, qui rappellera les Bretons exilés ; et ceux-ci, après avoir chassé les pirates, reprendront possession du pays. Alors, sur les ruines d'une Bretagne antérieure, s'opèrera un travail de reconstitution politique et sociale, que l'histoire raconte confusément et dont les résultats apparaissent au commencement du XIᵉ siècle. Et c'est ensuite une Bretagne nouvelle, que le système féodal a modifiée profondément, où l'on ne retrouve plus les anciennes divisions géographiques. Mais cette géographie remaniée persistera ensuite, jusqu'à la réunion de la [Bretagne à la France, et même jusqu'aux temps modernes.

Alain Barbe-Torte.

La désolation normande dura près d'un demi-siècle. Les Barbares s'étaient fortifiés le long des côtes, depuis l'embouchure de la Seine jusqu'à celle de la Loire ; ils possédaient l'ancienne Neustrie, que Charles-le-Simple avait accordée à leur chef Rollon. La Bretagne était ployée sous le joug. C'est alors (937) que lui vint un secours inespéré. Le petit-fils d'Alain-le-Grand, que son père avait emmené en Angleterre pendant 'la terreur normande, débarqua, un jour, en Bretagne, souleva les Bretons, fit alliance avec le comte de Rennes, surprit les Normands et les pourchassa même au-delà des frontières. Guillaume, successeur de Rollon, reprit bientôt l'offensive avec une armée nombreuse et contraignit Barbe-Torte à repasser la mer. A cette époque Alain rencontra en exil le fils de Charles-le-Simple, qui fut Louis d'Outre-Mer : l'Angleterre était le refuge des princes détrônés. L'année suivante (938), Alain Barbe-Torte débarquait de nouveau, sur la côte de Dol. Il tomba sur un camp ennemi à l'improviste et il tailla en pièces les troupes normandes ; puis, il remonta sur ses vaisseaux, et avant qu'un autre corps d'armée étrangère, stationné près de Saint-Brieuc, eût appris cette défaite, celui-ci était lui-même culbuté, mis en déroute et anéanti. Sans perdre de temps, le jeune vainqueur s'avança dans l'intérieur des terres, aux acclamations du peuple ; traversant la péninsule, du nord au midi, il emporta la ville de Nantes et força les Normands à chercher le salut sur leurs vaisseaux.

Voulant donner une idée des ravages commis par les pirates, les historiens racontent que le libérateur de Nantes, qui avait hâte de parvenir jusqu'à la cathédrale, « fut obligé de se frayer un chemin parmi les ronces avec son épée... Pour attirer des habitants dans la ville, il leur accorda des privilèges ; entre ces concessions, la plus digne d'être remarquée fut celle qui déclarait libre tout serf qui viendrait s'y établir, et qui interdisait au maître le droit de le réclamer... » Après avoir battu les Normands de la Loire, Alain fit la paix avec ceux de la Seine, qui s'étaient avancés jusqu'à Dol ; ils étaient maîtres du Cotentin. Dans ces derniers temps, les frontières de la Bretagne s'étaient resserrées.

Après un règne glorieux, pendant lequel la Bretagne s'était relevée de sa ruine, Alain Barbe-Torte mourut en 952, laissant trois fils, qui moururent jeunes, tous les trois assassinés.

Conan Ier. — Geoffroi Ier. — Alain III. — Conan II.

On vit alors surgir entre les princes bretons les divisions et les rivalités, qui avaient toujours été si fatales au duché ; elles amenèrent une fois de plus l'intervention des étrangers. Les Normands se montrèrent encore sous les murs de Nantes, dont la belle résistance permit aux secours d'arriver à temps. Conan, comte de Rennes, et Foulques, comte d'Anjou, se disputaient ce comté de Nantes ; leurs armées se rencontrèrent à Conquereux ; Conan fut tué dans le combat, et Nantes passa sous la suzeraineté du comte d'Anjou ; le reste de la Bretagne reconnaissait la protection des Normands, le successeur de Conan, Geoffroi, comte de Rennes, ayant fait alliance avec le duc de Normandie.

Néanmoins, Geoffroi prit le titre de duc de Bretagne en 992. Il entreprit sans succès de se rendre maître de Nantes et de soustraire le pays nantais à l'influence du comte d'Anjou. Au retour d'un pèlerinage à Rome, il périt obscurément, dit-on, d'un coup de pierre lancée par une pauvre femme, dont le faucon ducal venait d'étrangler la poule.

Son fils Alain (1008) eut à réprimer, quelques années après son avènement, une révolte des paysans contre la noblesse. Il se crut ensuite assez fort pour répudier la suzeraineté de la Normandie ; mais le duc Robert le contraignit à rendre l'hommage. A son tour, il lui fallut réduire son frère, qui était mécontent de son apanage, le comté de Penthièvre. Alain s'était réconcilié avec le duc de Normandie, au point que Robert-le-Diable, en partant pour la Terre-Sainte, lui confia l'administration de ses Etats et la tutelle de son fils Guillaume. Alain III mourut en 1040, pendant une expédition qu'il avait entreprise, pour mettre son jeune pupille en possession de l'héritage paternel. Comme la Normandie, la Bretagne allait être gouvernée par un enfant

Conan II n'avait que trois mois, quand il succéda à son père. Son oncle, le comte de Penthièvre s'empara de la tutelle. La guerre civile éclata, les seigneurs prenant parti, les uns pour le fils et les autres pour le frère du duc Alain ; les troubles ne furent apaisés qu'au bout de cinq ans, en 1062, au profit de l'héritier légitime. Les mécontents suscitèrent à Conan un nouvel adversaire, le duc de Normandie. Conan arma une flotte éva-

Église Saint-Sauveur, à Redon.

luée à trois mille barques. Il menaçait de faire irruption dans le pays voisin par l'embouchure de la Seine ; Guillaume, qui préparait une descente en Angleterre, était inquiet sur le sort de son propre duché, lorsqu'il se vit fort à propos débarrassé de son adversaire ; Conan II mourut empoisonné, en 1066. Depuis Erispoë, c'était le neuvième prince breton qui périssait de mort violente.

Hoël.

Conan ne laissait qu'un fils naturel ; Hoël, comte de Cornouaille, son beau-frère, lui succéda. Guillaume de Normandie était devenu roi d'Angleterre ; aux seigneurs bretons qui l'avaient aidé dans sa conquête, il fit de riches donations ; Alain de Penthièvre, que des historiens ont confondu avec Alain-Fergent, fils du duc Hoël, reçut le vaste comté de Richemont. Ces munificences à des étrangers excitèrent la jalousie des Normands, et la plupart des seigneurs bretons se virent bientôt dépouillés de leurs nouveaux domaines. Bien que Guillaume fût devenu redoutable, Hoël refusa de le reconnaître pour suzerain; le roi d'Angleterre repassa sur le continent et mit le siège devant Dol (1076); Alain-Fergent défendit la place pendant quarante jours, jusqu'à l'arrivée du roi de France, Philippe Ier, venu au secours des Bretons. Guillaume fut contraint de se retirer; mais il laissait en Bretagne des partisans, comme l'évêque de Dol, qui fut chassé, et plusieurs seigneurs, qui fomentèrent une guerre civile. Les dissensions n'étaient pas encore apaisées à la mort de Hoël, en 1084.

Alain-Fergent.

Le pays était si épuisé d'argent et de ressources, qu'à son avènement, Alain-Fergent « fut réduit à vendre une de ses terres aux moines de Qnimperlé pour mille sous et un cheval ». Guillaume crut l'occasion favorable et il reparut devant Dol ; le jeune duc surprit et mit en fuite le roi d'Angletere (1085). Guillaume fit la patx avec Alain-Fergent, dont il estimait le courage ; il le sollicita de porter la guerre dans le Maine ; cette expédition, exécutée après la mort de Guillaume, fut sans résultat. Cependant, les héritiers de Guillaume étaient aux prises entre eux, et la Normandie en proie aux querelles intestines. La Bretagne tirait de là sa sécurité, bien plus que du mariage de son duc avec la fille du roi d'Angleterre. Voyant son pays pacifié, Alain-Fergent partit pour la Palestine (1096), « comme pèlerin, avec une suite, et non à la tête d'une armée » ; il ne prit aucune part à la croisade armée de Pierre l'Ermite. A son retour de Terre-Sainte, où il était resté cinq ans, Alain consacra tout son temps à doter la Bretagne de sages institutions ; il établit ou plutôt constitua définitivement un parlement et régla l'administration de la justice ; et puis, après vingt-huit ans de règne, dégoûté du trône, fatigué du monde et de la guerre, il abdiqua en faveur de son fils, Conan III (1112), et il se retira dans le monastère de Redon.

Conan III.

Ces actes de foi robuste ne furent pas rares au XIIe siècle, qui passe avec raison pour le plus religieux du moyen-âge. Il est vrai qu'on y rencontrait, à côté de cette ferveur religieuse, une égale absence de respect pour les lieux les plus vénérés, avec une égale ardeur du pillage. On avait vu des luttes violentes éclater au sein même des ordres monastiques : dès lors, à quelles rigueurs l'Eglise ne devait-elle pas être exposée de la part de ces hommes de guerre, gens aussi avides que grossiers ? « Chaque fois qu'un évènement de quelque gravité venait agiter la société, c'était à qui en profiterait pour mettre la main sur les biens des moines. » Le territoire et la riche abbaye de Redon étaient le principal théâtre de ces brigandages. Et c'est ainsi que Conan III, « indigné des atrocités qu'on lui dénonçait, n'hésita pas à marcher contre le seigneur de Pontchâteau, qui s'était barricadé avec sa bande dans l'église de Saint-Sauveur ».

Et pourtant, au milieu de ces violences exercées par certains seigneurs contre les moines, « un profond sentiment de foi se retrouvait toujours au fond du cœur de ces hommes de sang et de rapine ; si rudes, si orgueilleux, si indomptables qu'ils fussent, presque tous craignaient le jugement de Dieu et ne voulaient pas mourir dans l'impénitence finale. »

Conan suivit l'exemple de son père ; il institua des règlements qui mirent fin à quelques désordres et furent un obstacle à certaines injustices ; surtout, il se montra le protecteur des bourgeois et des serfs, le défenseur des vassaux contre les seigneurs. En embrassant le parti de ceux qui subissaient les taxes odieuses ou les coutumes despotiques, ce prince obéissait à l'esprit de son siècle ; il mettait à profit le désespoir des serfs : c'est la dureté du régime féodal qui a contribué, plus que toute autre cause, à faire les monarchies de l'Europe moderne. « Entre les droits vexatoires que Conan III entreprit d'abolir, le plus inhumain peut-être était celui qui était exercé sur les débris que la mer rejetait après les tempêtes ; ces restes de la fortune des nau-

fragés devenaient la propriété légitime du seigneur, dès qu'ils avaient touché le rivage. Cet usage avait probablement commencé dans le temps où les Normands infestaient les côtes de la Bretagne ; tous les navigateurs étaient alors considérés comme des pirates et des ennemis... Mais on oublia l'origine de cet usage pour n'en voir que le profit, et on le décora du nom de droit seigneurial. Le naufrage devint une espèce de crime, qui emportait la peine de la confiscation. » L'exemple du duc, les décisions d'un concile assemblé à Nantes (1127), la peine de l'excomunication, tout cela ne fit que suspendre seulement l'exercice de ce droit barbare. On essaya de le légitimer, en le transformant sous une façon de contribution ; on fournit des pilotes aux navires étrangers, pour faire le trajet des écueils dont la péninsule armoricaine est entourée ; ceux qui n'achetaient pas ainsi leur sûreté n'en étaient que plus durement soumis au pillage. Naguère, on accusait encore les Bretons de réclamer cette « part de la mer » : qui n'a entendu les sinistres légendes des naufrageurs ?...
Le commerce avait fondé, puis enrichi quelques

grandes villes; pour se soustraire à la tyrannie des seigneurs, elles recoururent au duc, quand elles ne pouvaient elles-mêmes acheter des immunités.

Conan IV.

Après Conan, la querelle de son fils et de sa fille pour la succession provoqua la guerre civile (1148). La ville de Nantes, dont les attaches avec les Bretons n'avaient jamais été bien solides, se donna au comte d'Anjou, c'est-à-dire qu'elle ouvrit les portes de la Bretagne aux princes de la maison de Plantagenet. Au bout de dix ans des plus grands troubles, Conan IV fut proclamé duc de Bretagne, avec l'aide de Henri II, roi d'Angleterre, auquel fut fait l'abandon absolu de Nantes et de son territoire. Le compétiteur de Conan, Eudes, parut avec des troupes fournies par le roi de France ; il s'empara de Vannes et de la Cornouaille : le duc de Bretagne était réduit au seul comté de Rennes. La guerre intérieure sévissait dans toute son horreur. Conan, assez faible pour commettre certains actes de cruauté dans le Léon, mais trop dénué de courage et de sang-froid pour tenir tête à une si dangereuse situation, se retira de la lutte et se réfugia auprès du roi d'Angleterre. Malgré le roi de France, qui sollicitait l'intervention du pape, Henri proclama un de ses fils, Geoffroi, duc de Bretagne, et il vint en personne prendre possession du pays au nom du prince encore trop jeune ; tous les seigneurs le reconnurent, hormis le baron de Fougères, qui osa seul tenir tête aux étrangers. Geoffroi de Plantagenet fut couronné duc de Bretagne, à Rennes, en 1169.

IV

Ducs de la maison de Plantagenet et de la maison de Dreux.

Geoffroi II.

Dès que le nouveau duc fut en âge de régner lui-même, il se sentit entraîné par la force même des choses à soutenir les intérêts du pays qu'il avait à gouverner et il devint l'allié naturel du roi de France dans ses luttes contre l'Angleterre. D'ailleurs, il n'est pas, dans l'histoire, « une famille que les liens du sang aient moins retenue que la maison des Plantagenets », lorsqu'il s'agissait d'unions et d'avantages politiques. Les fils de Henri II suscitèrent des embarras à leur père et soutinrent contre lui des guerres impies. Pendant que Geoffroi ravageait les terres d'Aquitaine, Rennes tomba au pouvoir des Anglais ; le duc reprit la ville, dont une partie avait été dévorée par les flammes pendant le siège. Ces querelles durèrent six ans. Geoffroi mourut prématurément dans un tournoi donné en son honneur à la cour du roi de France Philippe-Auguste.

Il avait introduit dans la législation quelques changements notables. Jusque-là, les terres seigneuriales se partageaient entre tous les mâles de la famille ; il fut réglé qu'à l'avenir la totalité de l'héritage serait recueillie par l'aîné, à la charge pour celui-ci de faire aux cadets une position sortable ou de leur abandonner quelque terre. Une ordonnance, qui fut un bienfait pour les vassaux des domaines seigneuriaux, interdit aux créanciers des seigneurs la faculté de faire saisir les biens des sujets de leur débiteur : on permit uniquement la saisie des rentes dues au seigneur par ses sujets. Ces deux dispositions juridiques démontrent que la noblesse était alors très appauvrie. — On attribue, par suite, à Geoffroi II la première convocation des

Etats de Bretagne à Rennes et la publication d'un Code ou *assise* (1185). Cette *assise* fut rédigée en vieux français; elle prouve déjà les reculs du breton, à la fin du XIIe siècle.

Constance. — Arthur Ier.

Un fils posthume devait succéder à Geoffroi. Les Bretons l'appelèrent Arthur (1187), d'un nom légendaire, auquel se rattachaient les espérances de la race celtique. En attendant sa majorité, la mère du jeune duc, Constance, prit le gouvernement. Elle commit l'imprudence de se remarier avec un gentilhomme anglais, petit-fils d'un bâtard royal : ce qui mettait la Bretagne sous la dépendance directe de l'Angleterre. Peu de temps après, survint la mort de Henri II, dont le fils, Richard, partit pour la croisade avec le roi de France. Les Bretons se révoltèrent contre le mari de leur duchesse et le chassèrent du pays. Constance régna seule, en son propre nom, pendant sept ans.

A son retour en Angleterre, Richard vit d'un mauvais œil' que la Bretagne avait reconquis une certaine indépendance ; il entraîna la duchesse à une entrevue, et il l'emmena prisonnière. Aux réclamations de la noblesse bretonne il répondit par une descente dans la péninsule, qui fut saccagée ; les Anglais allèrent jusqu'à livrer aux flammes la population dans les maisons où elle s'était enfermée et dans les forêts où elle s'était réfugiée. La petite armée des Bretons rejoignit les troupes anglaises près de Carhaix et leur fit éprouver une sérieuse défaite. Mais ne trouvant pas le jeune duc en sûreté dans son château de Brest, les seigneurs le confièrent au roi de France ; puis, sans prince, sans gouvernement, sans moyens de soutenir une longue guerre, ils se décidèrent à négocier : Constance et son fils rentrèrent dans leurs Etats (1198). L'année suivante, la mort de Richard rouvrait l'ère des aventures.

Dans un testament qui datait de la croisade, Richard Cœur-de-Lion instituait son neveu Arthur pour son successeur au trône d'Angleterre. Richard ne laissa pas d'enfants. Son frère, Jean-sans-Terre, au mépris des droits et surtout de la jeunesse d'Arthur, âgé seulement de douze ans, se fit proclamer roi d'Angleterre par les grands du royaume ; les provinces du continent se déclarèrent pour Arthur. Le roi de France, heureux de trouver l'occasion d'affaiblir un vassal trop puissant, encourageait les prétentions du jeune duc de Bretagne, et il vint jusqu'au Mans recevoir son hommage. Pendant que Jean-sans-Terre, à la tête d'une armée composée d'Anglais, de Normands et de mercenaires brabançons, s'emparait du Mans et d'Angers, le roi Philippe aidait les Bretons à prendre quelques châteaux. La faiblesse de ce secours s'explique par les difficultés qui retenaient alors le roi de France, d'un autre côté ; il avait avec Rome les plus graves embarras au sujet d'un divorce et d'un second mariage, et il était sous la menace des foudres de l'Eglise. C'est à la même époque, où les questions religieuses passaient au premier plan, que fut décidée, après tant de controverses, l'affaire de la métropole de Dol (1199) : les évêques bretons durent enfin se reconnaître pour des suffragants de Tours. Un traité survint entre Richard et Jean-sans-Terre ; les intérêts d'Arthur y étaient sacrifiés.

Mais la guerre se ralluma bientôt entre les deux rois ; les promesses de Philippe entraînèrent le duc de Bretagne, qui obtint quelques succès dans une première campagne ; ensuite, il se vit assiégé par les Anglais dans la ville de Mirebeau, dont lui-même venait de s'emparer. Jean ne craignit pas de recourir à la trahison : une nuit, le duc de Bretagne fut surpris dans son lit et livré au roi d'Angleterre. Tous les efforts furent alors tentés, mais inutilement, pour amener le jeune prince à se désister de ses droits en faveur de Jean-sans-Terre ; en conséquence, il fut condamné à perdre la vue et à subir le plus infâme traitement ; ses bourreaux l'épargnèrent, cette fois, émus de sa grande jeunesse et de ses larmes. Ensuite, il fut transféré de Falaise dans la prison de Rouen, d'où il disparut sans qu'on ait rien su de précis touchant sa fin: Faut-il croire, comme l'avancent quelques historiens, qu'il fut enlevé de son cachot, donnant sur la Seine, une nuit, et descendu dans une barque, où l'attendait Jean-sans-

Cathédrale de Dol

Cathédrale de Saint-Pol-de-Léon

Terre avec son écuyer ? Averti de son sort, il implora le roi son oncle à genoux, dit-on, et lui demanda la vie ; l'écuyer reçut l'ordre de le tuer, mais n'obéit pas. Alors le roi d'Angleterre, saisissant son prisonnier par les cheveux, l'aurait égorgé de sa propre main, puis jeté le cadavre au milieu du fleuve (1203).

Gui de Thouars. — La duchesse Alix et Pierre de Dreux.

Gui de Thouars, veuf de la duchesse Constance, alla demander justice au roi Philippe. Jean-sans-Terre, cité devant le tribunal des pairs et des grands du royaume, ne comparut pas et vit ses possessions en France confisquées. Les Bretons, sous la conduite de Gui, envahirent le pays normand et pénétrèrent jusqu'aux portes de Caen. Philippe-Auguste occupa la Touraine, le Poitou, l'Anjou et le Maine ; et il acheva ensuite la conquête de la Normandie, au profit de la couronne. Non-seulement ces annexions augmentaient d'un tiers le domaine royal, mais elles débarrassaient le roi de France de son rival le plus dangereux. Enfin, par la mort d'Arthur, le pouvoir en Bretagne était sorti de la maison de Plantagenet.

Philippe-Auguste proclama duchesse la fille de Constance et de Gui, Alix, seulement âgée de sept ans, et se réserva la tutelle de la princesse. Il voulut lui-même la fiancer et choisit le fils du comte de Penthièvre; mais ce choix ne fut pas maintenu; Philippe trouva plus conforme aux intérêts de la France et plus utile à l'union des deux pays, de donner l'héritière de l'important duché à un prince de la famille royale. Pierre de Dreux, marié à la duchesse Alix (1212), consentit à rendre l'hommage-lige à la couronne de France.

L'opinion des historiens sur Pierre de Dreux varie, suivant leur nationalité. Les uns en font un prince entreprenant, belliqueux et spirituel; les diverses chroniques de Bretagne, au contraire, signalent son ambition, son despotisme et sa duplicité. En réalité, le premier acte de Pierre Mauclerc, l'hommage-lige jusque-là refusé au roi de France, n'était pas pour complaire aux nobles et aux évêques bretons. De son côté, le nouveau duc ne s'appliquait guère à désarmer cette hostilité. Il avait gagné le surnom de Mauclerc, soit pour n'être pas entré dans les ordres, auxquels il était destiné, soit pour avoir, dès l'origine, exercé des violences contre le clergé. Ses prédécesseurs avaient montré un esprit de foi dans lequel les églises du pays avaient trouvé leur sauvegarde. Quelques membres du clergé avaient usé de certains privilèges pour accroître leurs attributions ; on parlait aussi de bénéfices qui avaient été acquis par simonie ; la plupart des évêques, ceux de Nantes, de Quimper, de Saint-Malo et de Dol, étaient devenus seigneurs de leur ville épiscopale, et le duc réclamait dans ces villes le droit d'*ost* et de *ressort* : de là, des démêlés avec l'autorité civile du duc ou même celle des nobles. Le droit d'asile était le privilège que Mauclerc contestait particulièrement. — On appelait *minihi* (mot celtique dont l'origine a été très discutée), tout lieu de refuge autour d'une église ou aux environs d'une abbaye; les plus célèbres furent ceux de Tréguier et de Saint-Malo. Il existe encore une paroisse du nom de *Minic'hi*, dans l'ancien diocèse trécorrois, aux portes de Tréguier. — C'est avec les évêques de Nantes et de Dol que Pierre Mauclerc eut d'abord maille à partir. Celui de Nantes réclamait contre une violation de ses propres domaines ; mais il se trouva que des fortifications établies en toute hâte, jusque sur les terres épiscopales, délivrèrent la ville d'une invasion anglaise : l'évènement donna raison au duc d'avoir passé outre à ces réclamations.

Pierre de Dreux n'était pas homme à s'arrêter en pareil chemin. Il convoqua une assemblée des Etats, qui fit publier une défense d'acquitter certain droit d'héritage ; cela consistait en la cession au clergé et aux pauvres du tiers des successions mobilières, sous le titre de « jugement des morts » ; les seigneurs avaient déjà renoncé, en 1127, au droit de s'emparer des successions mobilières de leurs vassaux. Mauclerc parvint à organiser une véritable coalition des barons contre le clergé. Il avait été excommunié par l'évêque de Rennes ; d'autres excommunications, lancées par les évêques de Tréguier, de Saint-Brieuc, de Saint-Malo et de Dol, vinrent le frapper encore, sans qu'il en prît souci; il répondit même à ces mesures de discipline ecclésiastique en saisissant le personnel de trois évêques. Son but était d'abaisser le clergé, dont l'influence le gênait, puis de soumettre la noblesse, dont les révoltes mettaient constamment en péril le pouvoir ducal. Il était surtout inquiété par la maison de Penthièvre, qui représentait la branche cadette de la famille régnante. Pierre Mauclerc sut habilement semer la division entre tous ces princes rivaux. Il s'ensuivit une révolte du vicomte de Léon; la guerre éclata, dans laquelle le duc finit par l'emporter, et la bataille de Châteaubriant (1223) fut suivie d'une assez longue paix à l'intérieur.

Peu après, Pierre de Dreux restait veuf, avec un fils en bas âge; il cessait d'être le duc légitime et il devenait le régent ou l'administrateur du duché pendant la minorité. Pour distraire les nobles de cette question d'héritage, il les entraîna d'abord dans une guerre contre les Anglais, dont les résultats furent sans importance, ensuite dans la croisade contre les Albigeois. A la mort de Louis VIII, il organisa une ligne contre la reine régente ; Blanche de Castille déconcerta ses ennemis par sa diligence et sa fermeté ; Pierre de Dreux signa un traité, dans lequel il reconnaissait la suprématie du parlement royal sur celui de Bretagne : c'était la deuxième fois que les concessions de Pierre de Dreux engageaient la Bretagne sous la suzeraineté du roi de France. Mais les traités et les alliances ne liaient pas Mauclerc pour longtemps. Il organisa, avec Thibaut de Champagne, une nouvelle conjuration contre la régente ; Pierre, comme chef du complot, était chargé d'enlever le jeune roi ; mais Thibaut dénonça les conjurés à temps ; de là, une guerre contre la Champagne, qui fut envahie et ravagée ; l'armée royale, enfin, battit les confédérés aux environs de Troyes. Le duc de Bretagne, qui n'espérait plus rentrer en grâce, se ligua de rechef avec le duc de Guienne et il fit même appel au roi d'Angleterre ; il alla plus loin : il fit hommage de son duché à Henri III, ainsi qu'à un suzerain. Cet acte fut jugé comme une

Cathédrale de Quimper.

félonie à la cour de France, qui déclara la guerre à Pierre de Dreux. La Bretagne, envahie par les armées françaises et occupée par les Anglais, fut ravagée pendant quatre ans ; battus et mourant de faim, les Anglais purent à peine se rembarquer, laissant Mauclerc à la merci du roi de France. Pierre de Dreux se jeta aux pieds de Louis IX ; celui-ci réclama un nouvel hommage pour le duché de Bretagne, puis exigea l'abdication de Mauclerc (1237) en faveur de son fils Jean, qui avait atteint sa majorité.

Dans la suite, le prince découronné consacra son temps à la poésie, pour laquelle il avait un goût très vif, comme Thibaut de Champagne. Enfin il partit pour la croisade ; c'est même à Pierre Mauclerc que le pape confia la direction de cette guerre sainte. Il mourut à son retour de la Palestine, en 1250.

Jean Ier

Le règne de Jean Ier, dit le Roux, dura cinquante ans ; mais il ne fut guère marqué par des événements considérables. La question de l'hommage — lige ou non — qu'il rendit au roi de France, a longtemps exercé les historiens, et leurs commentaires laissent encore la solution indécise.

Le premiur acte de Jean-le-Roux fut de maintenir les libertés seigneuriales et de méconnaître quelques-unes des prétentions du clergé; sur ce dernier point, il suivit à peu près la politique de son père. Au XIIIe siècle, quelques prédominances du pouvoir spirituel sur le temporel causèrent des mécontentements. A partir de Philippe-Auguste et de saint Louis jusqu'à la fin du moyen-âge, la monarchie elle-même restreignit les attributions ecclésiastiques; tel est le principe qui a depuis dominé la matière : « l'Eglise doit connaître de tout ce qui concerne la foi, et la justice temporelle, de tout ce qui a trait aux immeubles et aux fiefs même appartenant à l'Eglise »; on proclama, d'ailleuas, l'indépendance des deux justices. Le duc Jean organisa une ligue de la noblesse contre le clergé, renouvelant une querelle que Pierre Mauclerc avait déjà soulevée et qui ne devait être terminée que quatre-vingts ans après, sous Philippe-de-Valois. Jean-le-Roux, comme son père, avait été excommunié ; il alla demander son absolution à Rome. Quelques-unes des conditions imposées au duc par le pape excitèrent les murmures de la noblesse bretonne, qui se disait ainsi lésée dans ses droits ; mais nulle révolte n'en résulta, et ces murmures furent même assez vite apaisés. Le duc de Bretagne prit part ensuite, avec sa femme, à la seconde croisade de saint Louis. Le roi de France étant mort en pays infidèle, Jean revint et consacra son temps à l'administration intérieure de son duché.

A l'égard du pape, la Bretagne se reconnut comme pays d'obédience : c'est-à-dire que le pape gardait, huit mois de l'année, le droit d'y conférer des bénéfices. La question des Juifs était à l'ordre du jour : une ordonnance du duc Jean déclara les gens de race sémitique bannis à perpétuité ; on reproche quelque barbarie aux suites qui furent données à cette mesure législative. D'autres ordonnances tendirent à rendre au duché l'indépendance que Mauclerc avait compromise : ainsi furent abolis les appels au parlement du roi. Jean Ier avait surtout la préoccupation d'agrandir le domaine ducal ; c'est ainsi qu'il recouvra, en Angleterre, le comté de Richemont, cédé par Guillaume à Alain de Penthièvre, mais aliéné depuis; de même, il acheta au vicomte de Léon l'importante place de Brest, « qui ne lui coûta qu'une haquenée blanche et cent livres de rente. » Par ces règlements et par ces dispositions, on voit que les évènements et que les actions éclatantes tinrent peu de place dans la vie de Jean-le-Roux, son ambition n'allant point jusqu'à compromettre sa sécurité.

Jean II.

Jean II (1286-1305) vécut avec moins d'éclat encore que son père. Si ce n'est la part qu'il prit à la guerre entre Philippe-le-Bel et Edouard Ier, à peu près tout son règne se passa à élaborer des règlements intérieurs. Cette guerre lui avait prouvé, du reste, qu'il n'était pas fait pour le métier des armes ; il passa d'un camp à l'autre sans que ses défections eussent attiré sur lui les représailles des rois rivaux ; ce fut, dit-on, la haine des Bretons contre les Anglais qui le décida définitivement à opter pour l'alliance française. Plus tard (1297), il sollicita et obtint que le duché de Bretagne fût érigé en pairie. Cet honneur parut aux Bretons un danger pour leur indépendance ; ils en exprimèrent hautement leur crainte ; une déclaration formelle du roi ne parvint pas à les rassurer. Les évènements prouvèrent bientôt que leur appréhension était fondée. Ainsi, la monnaie de Bretagne, comme celles des autres provinces, dut être portée à l'atelier monétaire du roi. Les procès contre les usuriers furent enlevés à la juridiction ducale et soumis à des juges commissionnés par le roi de France. Quant aux biens des Templiers, ils furent confisqués sur le sol breton, comme partout, au nom de l'autorité royale. Le duc obtint du roi la confirmation de certains privilèges ; mais demander cette confirmation, c'était précisément reconnaître au roi de France le droit de l'accorder et faire acte de vassal à suzerain.

Comme ses prédécesseurs, Jean II fut en lutte avec le clergé. Il se rendit à Lyon, où se trouvait le pape, pour régler la question des privilèges ecclésiastiques ; mais il mourut dans ce voyage, avant d'avoir accompli la réforme qu'il souhaitait.

On doit à Jean II la *coutume écrite* de Bretagne. Les usages particuliers, qui régissaient encore chaque coin du pays, furent remplacés par une série d'ordonnances rendues dans un sens plus général.

Arthur II.

Arthur II (1305-1312) termina avec la cour papale l'affaire des droits du clergé : ces immunités furent réduites. Le règne d'Arthur fut encore marqué par une assemblée des Etats, la première où les hommes du Tiers aient été admis avec les députés de la Noblesse et ceux du Clergé.

Sous ce gouvernement, la guerre entre Edouard et Philippe de Valois se termina par un traité, où le roi de France cédait à celui d'Angleterre la suzeraineté de la Bretagne ; mais les Bretons s'opposèrent à cette transmission de puissance, qui resta sans effet.

Jean III.

Jean III, surnommé le Bon, eut à soutenir une première lutte contre le roi de France, lors de la refonte des monnaies ; des commissaires royaux furent chargés de saisir en Bretagne les coins et les espèces que le duc n'avait pas livrés à la réforme. Il tenta de se soustraire à la suprématie du roi, dès 1315, dans une assemblée des Etats à Rennes ; il amena les évêques et les chapitres de Bretagne à ne reconnaître pour seigneur que le duc ; la régale, ou jouissance des revenus dans les sièges vacants, lui fut encore réservée ; enfin, tout le clergé se soumit à la juridiction temporelle du duc.

En dehors de ces questions d'ordre ou plutôt de préséance intérieure, le roi de France n'eut qu'à se louer des services de Jean-le-Bon. La guerre était assoupie entre la France et l'Angleterre ; elle n'avait alors que des intermittences sans résultat sérieux. Mais elle éclata contre la Flandre, en 1328, et le duc de Bretagne y prit une grande part « comme allié, non comme vassal » de la France, ainsi que le reconnut Philippe de Valois ; Jean-le-Bon fut blessé à la bataille de Cassel. Une seconde guerre de Flandre lui fut plus fatale encore : car il mourut, des suites de cette campagne, à Caen (1341), lorsqu'il rentrait dans son duché. Il avait contribué à d'utiles réformes, et le pays lui fut redevable d'un code nouveau sous le nom d'*anciennes coutumes*, qui furent promulguées en 1330.

Comment en est-on venu à l'accuser d'avoir cherché à vendre la Bretagne à la France, par un échange de provinces, la Bretagne contre l'Orléanais ? Ce marché eût-il été conclu entre le roi et le duc, tout porte à croire que les Etats ne l'auraient pas ratifié ; s'il était possible que les deux princes y eussent songé, il ne serait pas probable qu'ils en eussent tenté l'exécution. La Bretagne allait, d'ailleurs, atti-

rer l'attention de la France, à d'autres titres.

Il fut quelque peu question alors de trois établissements nouvellement fondés à Paris, pour des étudiants bretons : le collége de Cornouaille, à l'intention des jeunes gens nés dans le diocèse de Quimper ; le collège du Plessis, pour lequel un gentilhomme de Saint-Malo céda son hôtel de la rue Saint-Jacques ; le collège de Tréguier, sur l'emplacement duquel s'est depuis élevé le Collège de France. Mais la mort de Jean III causa des événements bien plus retentissants : il fallut plus de vingt ans de guerre civile pour recueillir son héritage.

V

Guerre de Cent Ans. — Les trois Connétables bretons. — Influence française.

Jean III ne laissait pas d'héritier direct. Le duc Arthur II avait eu deux autres fils, Gui de Penthièvre et Jean de Montfort, celui-ci d'un second lit. Gui mourut quelques années avant son frère Jean; mais sa fille Jeanne, surnommée *la Boiteuse*, revendiquait tous les droits de son père, qui eût été l'héritier légitime. Jean de Montfort prétendait que lui, frère du dernier duc, ne devait pas céder le pouvoir à une nièce; de plus, il invoquait en sa faveur la loi salique. De part et d'autre, les prétentions paraissaient soutenables, l'ordre de succession n'ayant pas encore été réglé d'après un principe reconnu; toutefois, la loi salique avait subi en Bretagne plus d'une infraction.

Jean de Montfort et Charles de Blois.

Jean de Montfort jugea prudent d'appuyer ses droits sur le succès des armes. Sans perdre de temps, il convoqua à Nantes les évêques et les seigneurs de son parti. S'étant fait reconnaître duc, il alla mettre le siège devant Brest, dont il s'empara, comme de Rennes et de Vannes ; puis, ne se fiant pas à ses propres forces, il sollicita l'alliance et le secours du roi d'Angleterre.

Cependant, Jeanne de Penthièvre en appelait au jugement du roi de France. Son mari, Charles de Blois, de la maison de Châtillon, était neveu de Philippe VI. On a dit que cette situation aurait eu quelque influence sur la décision du roi. Ce qui serait plus exact, c'est que la cour des pairs, en condamnant Jean de Montfort, n'avait pas uniquement en vue les intérêts de la Bretagne. Cette guerre de succession qui s'ouvrait, allait être un important épisode de la terrible « guerre de *Cent*

Ans » entre la France et l'Angleterre ; la querelle des deux royaumes continuait à se vider sur le sol breton. Philippe de Valois entraînait les ducs de Bourgogne et de Lorraine dans le camp de Charles ; en même temps que le roi d'Angleterre et Robert d'Artois, la plupart des villes de Bretagne s'étaient déclarées pour Jean de Montfort ; la noblesse, avec Beaumanoir et Duguesclin (et Clisson dans la suite), tenait plutôt pour le parti de Charles de Blois.

Sitôt prononcé le jugement royal, Charles paraît devant Nantes, qui capitule malgré la présence de Jean de Monfort ; il fait même prisonnier son compétiteur, qui est emmené à Paris et enfermé au Louvre. La lutte semble terminée du premier coup ; elle est reprise de plus belle par la femme de Montfort, Jeanne de Flandre, qui ranime le courage de ses partisans, lève des troupes, et se jette dans Hennebont, où elle attend les secours de l'Angleterre. Dans cette place-forte, elle soutient un siège mémorable ; elle-même donne l'exemple et fait preuve d'une rare bravoure. Pendant un assaut, la comtesse, du haut des remparts, a remarqué que le camp ennemi est mal gardé ; soudain, avec 300 cavaliers, elle sort de la ville par une porte opposée aux assaillants, tombe à l'improviste sur leur camp, où elle met le feu et les force à quitter l'assaut pour protéger leurs tentes et leurs approvisionnements. Mais elle reste séparée de la ville par toute une armée ; durant cinq jours, elle erre par la campagne et rallie enfin des troupes dans Auray ; aussitôt elle se porte sur Hennebont, passe à travers les lignes des assiégeants et rentre dans la place. Ce retour inespéré ranime les assiégés, pour un temps ; des assauts fréquents réduisent la ville aux abois et l'on parle déjà de se rendre ; on dit que la princesse alors assemble les principaux chefs, qui jurent à Jeanne de prolonger la résistance encore trois jours ; le matin du troisième jour, on aperçoit la flotte anglaise qui remonte le Blavet, au secours d'Hennebont ; et l'armée ennemie de lever le camp. L'année suivante (1342), un second siège d'Hennebont ne fut pas plus heureux.

Jeanne de Montfort passe ensuite en Angleterre, pour presser des renforts déjà promis.

A son retour, elle est surprise par une escadre française, vers la hauteur de Guernesey ; un combat naval est engagé, sans résultat, la nuit étant survenue, avec une tempête qui disperse les deux flottes. Puis Jeanne se rend maîtresse de Vannes, que reprennent aussitôt les lieutenants de Charles de Blois. La guerre sévit de toutes parts ; le roi d'Angleterre et le roi de France se portent au secours de leurs alliés réciproques.

Alors le pape lui-même intervient, et une trêve de trois ans est acceptée par les deux rois (1343). Mais cette trêve ne peut être d'aucun bénéfice pour le duché, car elle ne vise que l'intervention personnelle des rois rivaux, laissant leurs alliés aux prises entre eux. Du reste, un acte de Philippe de Valois, l'exécution d'Ollivier de Clisson, sur une accusation apportée d'Angleterre, remet le feu aux quatre coins de la Bretagne. La veuve de Clisson, Jeanne de Belleville (une troisième Jeanne dans une même querelle), venge elle-même son mari ; elle prend quelques places importantes, elle arme des vaisseaux, et après avoir déjà répandu le bruit de ses représailles, elle va présenter à Jeanne de Montfort son fils Ollivier, âgé de sept ans, qui sera le fameux connétable. En même temps, on annonce l'évasion du comte Jean, qui débarque, en effet, à Hennebont, mais qui meurt bientôt, laissant un enfant en bas-âge (1345). L'armée de Montfort proclame l'enfant : et la guerre, de part et d'autre, de revêtir le caractère de férocité des luttes sans merci. C'est ainsi que Charles de Blois, le prince le plus pieux de cette époque, tout en s'opposant au pillage des églises à Quimper, ne recule pas devant un grand massacre des habitants. Les rois de France et d'Angleterre, occupés à batailler ailleurs, ne s'opposent guère à ces atrocités. La défaite de Philippe, à Crécy (1346), met en péril les affaires de Charles de Blois ; pour comble de disgrâce, Charles est fait prisonnier sous les murs de La Roche-Derrien (1347), et enfermé dans la Tour de Londres, où sa captivité durera près de neuf ans. Mais Jeanne de Penthièvre ne montre pas une moindre fermeté que la veuve de Montfort ; et la guerre, alors dite des *deux Jeannes*, reprend son cours avec une furie extrême. La haine contre les Anglais vient en aide à Jeanne-la Boiteuse ; leurs exactions ont exaspéré le peuple des champs, qui en est réduit à « acheter par des contributions la permission de semer et de recueillir » ; c'est à ce point qu'après la capitulation de La Roche-Derrien, la garnison anglaise de cette forteresse, bien que prisonnière et désarmée, est égorgée par les paysans des environs.

Le ressentiment devient national ; il suffit qu'un Breton rencontre un Anglais, pour qu'il le provoque sur l'heure. Le combat, devenu légendaire, de trente chevaliers bretons, commandés par Beaumanoir, et de trente Anglais sous la conduite de Bembrogh, entre Josselin et Ploërmel (1351), serait un des plus beaux faits d'armes de cette longue querelle. Les deux chefs ennemis se sont provoqués en champ-clos, soit patriotisme, soit simple prouesse de chevalerie ; ils ont convenu d'amener chacun trente champions. Dès le premier choc, quatre Bretons et deux Anglais sont tués. Cette première charge a été si violente, qu'on s'arrête, de part et d'autre, pour respirer. On raconte que Beaumanoir, blessé, perdant son sang et épuisé de soif, demande à boire, pendant cette courte trêve ; et l'un des siens, Geoffroy du Bois ou Tinténiac, lui répond : « Bois ton sang !... » A ce cri, on reprend les armes. Huit Anglais, dont le capitaine Bembrogh, restent sur le pré, avec les quatre Bretons. Cette journée, dont ne parle aucun historien anglais, — est-ce parce que tout l'honneur en fut aux Bretons ? — est quelquefois révoquée en doute ; quel qu'il soit, fabuleux ou authentique, un tel exploit est bien dans les mœurs du temps.

Cependant, jusqu'à la délivrance de Charles de Blois, qui paye une énorme rançon et remet ses deux fils comme otages, aucune action décisive n'est livrée. Entre les héros de cette époque vraiment glorieuse, il en est deux qui brillent d'un incomparable éclat ; mais leurs noms appartiennent autant à l'histoire de France qu'à celle de leur province natale : Bertrand Duguesclin et Ollivier de Clisson. C'est la mort de son père qui a jeté Clisson dans le parti de Montfort. Duguesclin se bat aux côtés de Charles de Blois, et ses exploits tiennent du prodige, surtout à Fougeray et au siège de Rennes. Cette dernière ville, défendue par Penhoet, est serrée de près par les troupes de Lancastre; Duguesclin, qui tient la campagne, coupe les communications des assiégeants et harcèle l'armée anglaise par de continuelles alertes. Un jour, il apprend que les assiégés manquent de vivres ; au moment même, un important convoi vient d'arriver au camp ennemi : Duguesclin fond à l'improviste sur ces approvisionnements, s'empare des chariots avant qu'on ait eu le temps de les décharger et les conduit lui-même dans la ville. Tant d'heureuse audace frappe d'admiration les Anglais, et Lancastre invite l'héroïque Breton à une fête dans son propre camp ; pendant qu'on le reçoit, avec une magnificence princière, un Anglais lui porte un défi : aussitôt ils se mesurent en champ-clos ; l'Anglais est terrassé, et Duguesclin lui laisse la vie sauve, en souvenir de l'hospitalité de Lancastre. — Ce fait de la réception dans le camp anglais et du duel est également rapporté à un siège de Dinan.

En 1359, une trêve donne quelque répit aux partisans de Blois et de Montfort, pendant

Cathédrale de Tréguier

Cloître de la cathédrale de Tréguier.

que les rois, leurs suzerains réciproques, restent en hostilités. Puis le traité de Brétigny (1360), au lieu de régler les affaires du duché, livre les deux rivaux à leurs seules forces. Il est vrai qu'une tentative de réconciliation est faite à Calais ; le partage de la Bretagne, proposé dans des conférences où le pape même envoie des commissaires, est enfin rejeté par les compétiteurs ; et la guerre de se rallumer (1363). Un traité renouvelant les propositions de Calais, et signé sur la lande d'Evran, au moment de la bataille, est repoussé par Jeanne de Penthièvre : alors Charles de Blois encourt une dernière fois les hasards de la lutte. La rencontre a lieu aux environs d'Auray ; un simple ruisseau sépare les deux armées ; des deux côtés flottent les bannières de Bretagne. Duguesclin (il vient de se couvrir de gloire à Cocherel) juge plus avantageuse la position des ennemis et conseille de ne pas livrer combat, ce jour là (29 septembre 1364). Jean Chandos, qui est revenu avec les meilleures troupes anglaises au secours de Montfort, recommande de laisser aux soldats de Charles tout le temps de passer la rivière, sachant qu'elle sera grossie par la marée dans quelques heures et qu'elle coupera la retraite au gros de l'armée fatalement séparé de la réserve. Après avoir entendu la messe et communié, Charles de Blois donne le signal de l'attaque. Apercevant un chevalier à la cuirasse fourrée d'hermine ducale et le prenant pour Montfort, il fond sur lui, le tue d'un coup de lance et proclame la mort de son rival. Ce n'est qu'une méprise ; mais le désordre est dans les rangs ennemis, que la présence de Montfort ne parvient pas à rallier ; déjà la victoire est à Charles, quand la réserve de Chandos accourt : le combat se rétablit, dans une mêlée horrible. Clisson, encore à cette époque au service de Montfort, reçoit un coup de lance qui lui crève un œil. Renversé de cheval, Duguesclin est entouré de vingt assaillants, auxquels il tient tête, le pommeau de son sabre brisé ou un marteau de fer à la main. Charles de Blois se bat au premier rang ; il se trouve séparé des siens et il est fait prisonnier ; on l'emmène hors du combat ; on dit qu'alors un soldat anglais, reconnaissant le prince, se jette sur lui tout-à-coup et le perce de son épée. C'est ensuite un massacre et une déroute totale de son armée. Duguesclin, investi de cadavres, résiste toujours ; Chandos lui crie : « Messire Bertrand, la journée n'est point vôtre. » Et Duguesclin, épuisé de carnage, remet au capitaine anglais le seul tronçon d'arme qui lui reste. Cette bataille d'Auray marque la fin de la guerre. Mais la Bretagne, quoique lasse, est encore si agitée, que la paix met quelque temps à s'établir. Enfin, le traité de Guérande (1365) assure la couronne ducale à Jean de Montfort, reconnaît le comté de Penthièvre à la veuve de Charles de Blois, et exclut les femmes de la succession, tant qu'il y aura « hoirs mâles descendants de la ligne de Bretagne. »

Cette époque, à part les malheurs des dissensions civiles, fut pour les Bretons, avec le règne de Noménoë, la période la plus brillante de leur histoire. Ils accomplirent les plus belles actions héroïques et se montrèrent capables de tous les dévouements. L'Europe entière était frappée d'admiration pour ce petit peuple, enserré par deux puissants ennemis qui se disaient également ses alliés, sortant des plus sanglantes luttes encore maître de son sol et libre de ses destinées. Et comme toute grande époque doit être féconde en tous genres, les brutalités de la guerre n'empêchaient pas les Bretons de songer aux œuvres d'art ; la plupart des monuments religieux dont s'enorgueillit la Bretagne, furent exécutés ou terminés vers le XIVe siècle : ainsi les cathédrales de Quimper et de Tréguier. Les grandes ruines de forteresses ou de châteaux ont à peu près le même âge. Dans l'évêché de Tréguier, sous l'impulsion des évêques et la protection des Penthièvres, s'élevait toute une école artistique, qu'on n'a pas assez remarquée, dans le tumulte de tant de guerres. Ce fut l'apogée de la race bretonne ; mais il eût fallu ensuite tout autre prince que Jean de Montfort pour en comprendre le génie et pour le diriger en son développement.

Jean IV.

Jean IV inaugura son gouvernement par l'hommage qu'il devait au roi de France. Mais il considérait, d'autre part, qu'il était redevable de son duché à l'alliance des Anglais, et il ne cessa de faire cause commune avec eux, même contre le gré de ses sujets. Dès le début, il indisposa le peuple, en prélevant des impôts énormes et inusités, notamment celui du fouage. Pendant qu'il autorisait les Anglais à traverser la Bretagne pour aller dans le Poitou guerroyer contre la France, le roi Charles attirait à sa cour les gentilshommes et comblait de faveurs les capitaines bretons, que le duc semblait prendre à tâche de mécontenter. De ce nombre fut Ollivier de Clisson, à qui Jean de Montfort refusa une terre, pour la donner à Jean Chandos, le vainqueur d'Auray. Comme s'il n'avait eu confiance qu'aux Anglais, le duc de Bretagne ne réservait qu'à eux la garde des places et des villes dont il disposait. Charles V s'inquiéta de cette situation au moins équivoque ; il sollicita de la cour de Rome une enquête pour la canonisation de Charles de Blois ; mais Jean IV s'aperçut à temps que le succès d'une pareille enquête serait sa propre ruine, sa chute du pouvoir au profit des fils de Charles de Blois, encore détenus en Angleterre ; il parvint donc à traîner l'affaire en longueur, et ce projet de canonisation n'eut pas de suite. Enfin, Jean IV se jeta résolûment dans le parti de l'Angleterre ; Duguesclin, qui bataillait en Normandie avec Clisson, reçut ordre de chasser les Anglais de Bretagne. Le connétable s'empara bientôt des villes importantes de Rennes, Vannes, Hennebont. Le duc de Bretagne, qui avait une garde de 800 Anglais, signa avec l'Angleterre un traité (1372) dont les effets demeurèrent vains : car il s'engageait à rappeler ceux de ses vassaux qui servaient en France, et il fut impuissant à les ramener. En 1373, il prit part à la campagne de Calais, contre la France, dans les rangs de l'armée anglaise. A son retour en Bretagne, il trouva le peuple soulevé, les forteresses fermées, et il dut, sans troupes, sans ressources, s'embarquer pour l'Angleterre, où son exil dura quatre ans.

Duguesclin occupa le pays, tandis que Clisson, devenu le compagnon d'armes de Bertrand, tenait les Anglais bloqués dans Brest. C'est à peine si le duc de Bretagne fut mentionné dans le traité de Bruges (1375), entre l'Angleterre et la France ; son nom fut supprimé sur les monnaies du duché. A l'avènement de Richard II, il obtint pourtant un nouveau secours et une flotte anglaise débarqua devant Saint-Malo, dont Duguesclin fit lever le siège ; en même temps, Clisson chassait d'Auray les derniers Anglais. Charles V s'estima alors assez le maître en Bretagne pour proclamer devant la cour des pairs la confiscation du duché (1378). A cette déchéance de Jean de Montfort, Jeanne de Penthièvre renouvela, mais inutilement, ses prétentions à la couronne ducale. Le roi répondit à ces réclamations par l'établissement de la gabelle en Bretagne, qui se voyait ainsi passer dans les domaines royaux. Cette mesure exaspéra les Bretons, qui reprirent les armes contre le roi de France. Chargé de rétablir l'ordre dans le pays, Duguesclin se mit en devoir de soumettre le territoire de Rennes ; il échoua, et songeant qu'il portait la guerre chez ses compatriotes et que ceux-ci ne revendiquaient pas autre chose que leur indépendance, il refusa d'aller plus avant et il renvoya au roi son épée de connétable. Le vaillant Breton, qui avait délivré la France des *grandes Compagnies* à l'aide desquelles il rétablit sur le trône de Castille Henri de Transtamare, ne consentit à reprendre du service que contre les Anglais. Après les avoir chassés de l'Auvergne, du Poitou et de presque toute la Gascogne, il mourut sous les murs de Châteauneuf-de-Randon (1380), qui se rendit le lendemain de sa mort. Le connétable Duguesclin fut enterré à Saint-Denis, entre les rois de France.

Cependant, l'opinion en Bretagne s'était retournée soudain vers le duc exilé, et Jean IV, rappelé d'Angleterre par ses propres sujets, fut reçu aux acclamations de la province entière. Cette révolution amena la paix avec la France, qui se trouvait sous le coup de graves évènements intérieurs par la mort du roi. Les régents, occupés à d'autres soins, permirent au duc Jean de se réconcilier avec les Bretons. Il est vrai que l'entente n'était pas facile entre le duc, qui tenait toujours pour les Anglais, et les Bretons, qui voulaient rester seuls les maîtres en Bretagne ; ce fut même leur mécontentement qui contraignit

Jean IV à la paix. Elle fut signée (1381) entre le duc et Ollivier de Clisson, devenu connétable de France après la mort de Duguesclin.

Vers cette époque, a-t-on dit, fut institué l'ordre de l'Hermine. Jean IV avait vraiment besoin de ce prestige de chevalerie ; ses démêlés avec ses sujets étaient incessants ; il en eut aussi avec le clergé, qui n'avait pas renoncé à ses anciens privilèges ; il eut des difficultés surtout avec l'évêque de Nantes, fut excommunié par celui de Quimper, et se vit obligé, contre celui de Saint-Malo, d'invoquer l'intervention du pape. Cependant, la guerre avait éclaté dans les Flandres ; Jean de Montfort y prit part sous les bannières françaises, négociant en toute occasion au profit des Anglais. Ce fut alors, en 1386, que le connétable arma sa fameuse flotte de débarquement sur les côtes d'Angleterre ; lui-même ramassa soixante-douze vaisseaux, à ses frais, dans le port de Tréguier. Le duc de Bretagne contribua, plus que tout autre, à rendre sans effet cette formidable menace d'invasion. La réputation du connétable l'importunait et sa jalousie lui dicta des actes déshonorants. Ayant appris que Clisson négociait avec l'Angleterre la rançon de Jean de Penthièvre, fils de Charles de Blois, dont la mère était morte en 1384, le duc convoqua les états à Vannes, attira le connétable dans un guet-apens et donna l'ordre de le tuer ; mais il ne fut pas obéi et Clisson obtint même la liberté, à de très dures conditions. Le duc de Berry, allié secret de Jean de Montfort, empêcha le roi de France de porter la guerre en Bretagne, pour venger l'outrage fait au connétable ; le duc de Bretagne se présenta devant le conseil du roi, qui lui pardonna (1388). Mais Clisson, dont les nombreux partisans agitaient tout le pays breton, refusa de se réconcilier ; ce fut à Tours, en 1392, qu'une pacification fut signée entre les deux mortels ennemis. Quelques mois après, Ollivier de Clisson, sortant vers minuit de l'hôtel Saint-Pol, où demeurait alors le roi, fut attaqué par Pierre de Craon, émissaire du duc Jean et il fut laissé pour mort. Cette fois, la guerre était inévitable ; le roi lui-même se mit en campagne, et la Bretagne était dans les plus vives alarmes, lorsque

Château de Vitré.

Charles VI fut frappé de démence dans la forêt du Mans (1392). Les régents étaient hostiles à Clisson, qui tomba en disgrâce à la cour, mais qui refusa de rendre son épée de connétable. La guerre était circonscrite entre les deux rivaux, Montfort et Clisson ; elle dura trois ans et elle ruina le pays breton ; le traité de Vannes (1395), qui mit un terme à tant d'horreurs, fut respecté jusqu'à la mort du duc (1399). Jean de Montfort transmit à son fils la tranquille possession d'un duché « qu'il avait risqué dix fois de perdre ».

Jean V.

La mère de Jean V, encore mineur, épousa en secondes noces le roi d'Angleterre, en 1402. Cette alliance amena le duc Philippe de Bourgogne, alors régent de France, à se déclarer le tuteur du jeune duc. La guerre anglaise fut reprise en 1403. Sur les conseils de Clisson, la Bretagne arma trente vaisseaux, et le vieux connétable les fit monter par 1,200 hommes, à sa propre solde ; la flotte ennemie fut mise en déroute, les îles de Jersey et de Guernesey furent prises et livrées au pillage, le port de Plymouth incendié.

Ce fut le dernier effet de la haine implacable de Clisson contre l'Angleterre. Son patriotisme, d'ailleurs, ne l'avait pas toujours tenu à l'abri des reproches ; il avait gagné le surnom de « boucher des Anglais, » pour sa férocité envers l'ennemi héréditaire ; son énorme fortune (il avait pour vassaux ou sujets le quart de la population de la Bretagne) était l'objet de nombreuses insinuations de péculat. Les derniers jours du connétable furent troublés par une accusation de sorcellerie, et ce grand capitaine fut contraint d'acheter à prix d'or son repos suprême : ce fut là l'œuvre de Jean V, qui avait hérité des rancunes paternelles.

Le duc encourut d'autres blâmes plus graves. A peine majeur (1404), il se jeta dans le parti des Armagnacs, désertant celui de son tuteur le duc de Bourgogne. Mais vers ce temps-là, les affaires de Bretagne perdent de leur intérêt particulier, mêlées qu'elles sont à celles de la France, malgré l'habile tactique du duc

Jean V pour se soustraire, en dépit des alliances, à tous les partis. En 1410, il traitait avec la maison d'Orléans et la faction des Armagnacs, et il promettait au roi un secours de 2,000 hommes : de là, un double conflit avec ses alliés divers. Les frères du duc de Bretagne servaient eux-mêmes dans les deux camps opposés. Mais il est resté à la charge de Jean V d'avoir amené les Bretons trop tard à la bataille d'Azincourt (1415). Il fit sa paix particulière avec les Anglais (1417) et il servit ensuite de médiateur dans les affaires de France. La versatilité dont il avait plus d'une fois fait preuve dans la querelle des Armagnacs et des Bourguignons, il la fit paraître dans ses traités successifs avec le dauphin et avec l'Angleterre ; en 1423, il signait une alliance avec le duc de Bedford, et en 1425, il rentrait dans le parti du roi de France ; cette défection nouvelle valut à la Bretagne la présence des Anglais, qui ravagèrent la contrée. Jusque-là, le pays breton avait à peu près échappé aux malheurs de la guerre, depuis l'avènement de Jean V, dont les attitudes toujours douteuses obtinrent du moins ce résultat. L'établissement d'une milice, chargée surtout de garder les côtes, fut pour quelque chose dans le maintien de cette paix relative ; ces utiles miliciens, qu'il ne faut pas confondre avec les troupes permanentes, furent appelés les « bons corps », soit à cause de leurs excellents services, soit plutôt parce que c'étaient tous gens robustes et dans la force de l'âge ; leur effectif donnait environ 20,000 hommes : des forces imposantes, pour ce temps-là.

Cependant, le gouvernement de Jean V eut ses difficultés à l'intérieur. On vit renaître la querelle des maisons de Montfort et de Blois. Le comte de Penthièvre avait eu à se plaindre du duc ; il voulut se venger par surprise. Attiré à Chanteauceaux, comme Clisson à Vannes, Jean V fut retenu et jeté dans une forteresse (1420) ; mais la duchesse souleva les nobles en faveur de son mari ; les Penthièvres, assiégés dans leurs châteaux, furent contraints de traiter avec le duc, qui fut relâché sous certaines conditions, méconnues aussitôt que prises. Le comte de Penthièvre fut renié par le dauphin, qui l'avait poussé en avant, et ses terres furent confisquées ; la maison de Penthièvre ne se releva de cet écroulement que bien des années après, vers 1448, moyennant une renonciation formelle à ses prétentions sur le duché.

Sous ce règne se passa un procès fameux, celui de Gilles de Laval, maréchal de Retz, accusé de nombreux assassinats, de mœurs infâmes et de sorcellerie. Ce *Barbe-Bleue*, racontait-on, avait tué plusieurs femmes qu'il avait épousées successivement, et fait disparaître plus de cent enfants ; on retint surtout contre lui, comme chef d'accusation capitale, certain pacte avec le démon. Gilles de Retz fut conduit en grande procession dans la prairie de Nantes, et là il fut brûlé vif en présence du duc (1410).

Les questions religieuses agitaient alors toute l'Europe chrétienne. La Bretagne refusa d'admettre la pragmatique-sanction de Bourges (1439), qui énonçait les privilèges de l'Eglise gallicane, et elle se déclara pays d'obédience, pour donner un témoignage de son indépendance à l'égard du roi. — Jean V, qui reçut le surnom de Sage, mourut au bout de 43 ans de règne, en y comprenant les années de sa minorité.

François Ier.

Son fils, François Ier, lui succéda, en 1442. La cérémonie du couronnement se fit, à Rennes, avec une solennité dont toutes les chroniques d'alors ont été l'écho. Le nouveau duc rendit hommage au roi de France, quatre ans après, suivant la formule usitée de ses prédécesseurs, sans aucun abandon de ses droits.

Des différends avec son frère Gilles furent la cause d'une guerre étrangère; car ce prince, mécontent de son apanage, eut le tort de recourir aux Anglais pour soutenir ses prétentions. Les ennemis prirent Fougères, mais ils furent ensuite repoussés et rejetés en Normandie. Cependant, Gilles de Bretagne fut enlevé de son château de Guildo, sur l'ordre du duc, et enfermé à Dinan. Sa perte était jurée par Arthur de Montauban, favori de François Ier, qui se vit ainsi, par les pires conseils, poussé au fratricide. Le connétable Arthur de Richemont, son oncle, et le roi de France même, revenant sur des dispositions précédentes, intervinrent auprès du duc. Les États, convoqués pour juger le jeune prince, refusèrent de discuter l'acte odieux d'accusation et de prononcer une sentence. Gilles était trainé de forteresse en forteresse et il subissait d'indignes traitements. On tenta de le faire mourir de faim ; on essaya ensuite le poison. Sa mort était arrêtée d'avance ; sur un arrêt signé par le chancelier Louis de Rohan, seigneur de Guémené, il fut étouffé dans son cachot, après quatre ans de détention (1450). Le duc mourut quarante jours après son frère, qui l'avait, en mourant, cité devant Dieu à ce terme. Le peuple resta frappé de cet évènement.

Pierre II.

François Ier laissait deux filles ; mais son testament confirmait, à leur détriment, le traité de Guérande, qui établissait le droit public de la Bretagne : et ce fut son frère, Pierre II, qui lui succéda (1450).

Pieux presque à l'égal de la duchesse, Françoise d'Amboise, le nouveau duc eut pourtant des querelles assez nombreuses avec le clergé, surtout avec les évêques de Nantes, de Rennes et de Saint-Malo. Les discussions avec celui-ci avaient toujours pour objet le château que le duc réclamait le droit de construire pour sauvegarder ses prérogatives sur la ville ; ce différend dura jusqu'à la duchesse Anne, qui réduisit l'évêque au silence en élevant la fameuse tour de *Quiquengrogne*. Dans l'intérêt de la justice et de la sûreté générale, Pierre II prit une mesure importante en restreignant le droit d'asile autour des monastères et des églises. Il poursuivit les ennemis ou plutôt les meurtriers de son frère Gilles, de concert avec le connétable de Richemont.

Ce qui prouve l'esprit et les tendances de légalité de cette époque, ce sont les fréquentes tenues des Etats. Ces Etats de Bretagne étaient la réunion de la noblesse, du clergé et du tiers (ou représentants des *bonnes villes*, admis définitivement aux délibérations et aux actes publics). En apparence, ces assemblées étaient favorables à l'accroissement des privilèges seigneuriaux, puisqu'il fallait acheter les concessions des nobles ; mais elles tournèrent au profit du suzerain, en fin de compte, parce que « les concessions d'impôts devinrent une coutume et finirent par être exigées comme un droit. D'un autre côté, si les peuples se trouvèrent insensiblement assujettis à payer des taxes au suzerain, celui-ci, en exposant ses besoins, se vit obligé d'annoncer ses projets, d'expliquer ses affaires et de les soumettre à une sorte de délibération. Les impôts restèrent, mais cette censure des actes de l'administration resta aussi. »

Le règne de Pierre II, surnommé quelquefois le Taciturne, ne donna lieu, d'autre part, à aucun évènement mémorable.

Arthur III.

Le duc Pierre étant mort, en 1457, sans laisser d'enfants mâles, le traité de Guérande fixant le droit public reçut une nouvelle application ; le testament de Pierre II, s'appuyant sur celui de François Ier, transmit le duché à leur oncle Arthur de Richemont. Le duc se trouvait être, de plus, connétable de France ; c'était le troisième Breton qui avait rempli la plus haute fonction militaire du royaume, pendant la guerre de *Cent ans,* sous les règnes les plus orageux de la monarchie française. Il conserva ses anciennes charges, mais il n'en refusa pas moins de rendre au roi l'hommage-lige ; il offrit l'hommage simple, faisant « porter devant lui deux épées, l'une comme insigne du duché de Bretagne, l'autre comme attribut de la dignité de connétable. »

Il n'a guère laissé, comme prince régnant, d'autres souvenirs que celui de son rôle dans le procès du duc d'Alençon, accusé d'avoir des intelligences avec l'ennemi et de chercher à livrer des places-fortes aux Anglais ; Arthur ne put écarter la sentence de mort ; mais il obtint la grâce de ce compagnon de Jeanne d'Arc. On dit que le roi de France lui garda rancune de son attitude ferme et libérale dans ce procès célèbre ; le roi ne l'aimait guère, et Arthur, peut-être pour son caractère inflexible, ne fut populaire que par moments. Son projet de descente en Angleterre resta sans exécution.

Sous son gouvernement eurent lieu de fréquentes poursuites contre les sorciers, dont l'influence était alors très répandue dans tout le pays. Bien que Arthur de Bretagne fût d'une piété exemplaire, ses derniers jours furent attristés par une querelle assez vive avec l'évêque de Nantes, dont il avait été le bienfaiteur. Il mourut en 1458, après quinze mois de règne, à l'âge de 64 ans, usé par les fatigues de la guerre encore plus que par les années. On attribue au connétable de Richemont, qui fut l'organisateur des « compagnies d'ordonnances, » la création de notre première armée permanente.

François II.

Après Arthur III, le duché passa dans la maison d'Etampes, dont le représentant réunissait les droits de la branche masculine et de la branche féminine de Bretagne. François II prêta au roi l'hommage simple, « debout, l'épée au côté, sans s'incliner et sans prêter serment. » Les Bretons, flattés de ce premier acte d'indépendance, augurèrent bien du nouveau règne.

Sans briller du même éclat littéraire que la Bourgogne (car la Bretagne, coupée en deux moitiés linguistiques, comme on l'a vu, depuis le XI⁰ siècle, portait la peine de cette scission), le pays breton n'en égalait pas moins toute autre province par le développement de l'instruction. Il existait trois sortes d'écoles : chaque paroisse avait la sienne, une école tout à fait élémentaire ; tous les diocèses possédaient des écoles épiscopales, attenant à la cathédrale et le plus souvent dotées richement; enfin, dans les principales villes, il y avait des écoles municipales, dont celle de Tréguier fut une des plus considérables. François II obtint, en outre, du pape, la fondation d'une Université à Nantes, avec des privilèges analogues à ceux des Universités de Paris, d'Angers, de Bologne, que fréquentaient un peu à l'aventure les étudiants bretons ; au commencement du XIV⁰ siècle, ils allaient de préférence aux écoles d'Orléans. On croit aussi que le pape Pie II accorda à François II l'abolition des *minihis*, dont le duc Pierre II avait bien restreint déjà le droit d'asile.

Après l'instruction, les libertés du peuple. Dans une assemblée des Etats, tenue en 1459, François II établit que les impôts devaient

Ruines du château de Tonquédec.

Paysage de Tonquédec.

être consentis par les Etats et « cesser de plein droit à la fin d'une année, s'ils n'étaient prorogés par la même autorité » ; le duc ne pouvait ainsi ni prélever des subsides ni porter une loi sans le consentement des Etats. L'impôt des fouages constituait la plus grande portion du revenu de la Bretagne ; celui-ci aurait équivalu à 15 millions de notre temps, environ le huitième du revenu total de la France d'alors. A cette époque, les Etats se réunissaient une fois par an, en septembre généralement, dans une de ces villes, Vannes, Nantes, Redon, Rennes, Dinan ou Vitré ; les membres de l'assemblée, deux cents à peu près, étaient logés, durant la session, chez les gens d'Eglise et chez les notables. D'ailleurs, pour couper court à des rivalités souvent funestes, François II constitua, par divers mandements, les rangs de préséance entre les villes du duché : Rennes était la première ; Nantes, la deuxième ; ensuite, Vannes et Quimper avec une égale importance, Saint-Brieuc, Saint-Malo, Morlaix, Guingamp, Lamballe, etc.. Du reste, impossible d'évaluer la population respective de ces cités, au XVe siècle.

Le duc François II ne négligea pas le commerce et l'industrie ; il les favorisa même spécialement ; il conclut des traités avec différentes puissances, et il sollicita à Rome l'autorisation de faire le trafic **avec** les Turcs et les infidèles du Levant. De si beaux projets, avec de pareilles institutions, auraient assuré la prospérité de la Bretagne, s'ils avaient été poursuivis et exécutés. François II avait bien compris les intérêts du duché, ainsi que la politique qui s'imposait à son gouvernement ; mais l'esprit de suite lui manquait ; d'un caractère faible, trop frivole pour agir lui-même, il avait besoin d'être gouverné, et il se laissa diriger par ses favoris, particulièrement Lescun et Landois, qui faillirent plus d'une fois le perdre. Il eut le malheur surtout de vivre au temps de Louis XI et de l'avoir fatalement pour adversaire.

On a soutenu que les querelles de François II et du roi de France remontaient à l'époque où le fils de Charles VII n'était encore que dauphin. La politique de Louis XI à l'égard de la Bretagne reposa sur autre chose qu'un simple ressentiment personnel: Louis XI avait compris

que le maintien en Bretagne d'une dynastie provinciale n'était pas compatible avec la sécurité de la France ; et François II se vit forcé, pour défendre ses droits, d'engager une lutte inégale.

Le roi vint à Nantes ; le peuple, lui prêtant le dessein d'enlever la veuve du duc Pierre II, Françoise d'Amboise, pour la remarier à un allié fidèle, s'ameuta dans les rues de la ville contre Louis XI ; celui-ci se vengea, en soutenant les prétentions de l'évêque contre le duc ; François II eut recours à Rome, et une bulle du pape lui reconnut les droits et les privilèges de ses prédécesseurs sur les évêchés bretons. Cette ingérence dans les affaires du duché valut à Louis XI la première ligue du Bien Public, ourdie par les ducs de Bretagne et de Bourgogne. Les alliés se mirent en marche sur Paris ; le roi livra à l'armée bourguignonne une bataille dont le résultat fu^t douteux, à Montlhéry (1465) ; puis, les troupes alliées assiégèrent Paris ; mais Louis XI négocia séparément avec les princes confédérés et il obtint le traité de Saint-Maur. Deux mois après, il signa un nouveau traité avec François II ; ce qui n'empêcha pas le duc de Bretagne de donner asile au duc de Berry, frère et irréconciliable ennemi du roi. Une nouvelle ligue fut organisée, et l'armée des Bretons entra en Normandie (1467), prit quelques villes et chassa les troupes royales. Mais Louis XI prit une éclatante revanche, l'année suivante ; il reconquit la Normandie, menaça la Bretagne de deux côtés à la fois, sur Rennes et sur Nantes, et imposa à François II la paix d'Ancenis (1458).

A cette occasion, le roi de France prétendit avoir des droits au duché de Bretagne ; mais ses titres, bien qu'ils remontassent aux Mérovingiens, parurent insuffisants. Pour éprouver le duc, il lui offrit, en 1470, le collier de l'ordre de Saint-Michel, nouvellement fondé ; François II eut des prétextes pour refuser cette dignité, qui aurait fait de lui un vassal du roi. De part et d'autre, on se prépara donc à la guerre. En 1471, une nouvelle confédération des princes était formée, et le roi d'Angleterre en fit partie, l'année suivante. Le danger serait devenu grave pour Louis XI, s'il n'avait gagné de vitesse les alliés ; les

troupes royales ayant pénétré en Bretagne par Ancenis et Machecoul, le duc fut réduit à demander une trêve d'un an. Mais la méfiance qui régnait entre les deux princes rendait toute paix précaire ; la trêve de Poitiers devint pourtant un traité définitif, en 1475, grâce à l'intervention de l'Angleterre.

Louis XI ne perdait pas de vue la Bretagne, où il semait la division entre les nobles et la révolte contre le duc; il ne cessait d'attirer les Bretons à son service par ses libéralités : dans sa garde royale il avait 500 gentilshommes bretons. Les influences qui agissaient sur l'esprit de François II, le tournaient vers l'Angleterre. Le roi, qui était au courant de toutes ces alliances, dissimulait. Mais sa colère éclata, le jour où la mort vint le débarrasser de Charles-le-Téméraire (1477); non content d'imposer au duc de Bretagne un traité humiliant (traité d'Arras), il lui retira, par un arrêt du parlement de Paris, le comté d'Etampes, et il acheta au comte de Penthièvre, c'est-à-dire, à la maison de Blois, tous ses droits sur le duché, préparant comme ses prédécesseurs mais par des voies plus immédiates la réunion de la Bretagne à la France. La guerre était inévitable ; devant l'imminence du péril, François II fit des armements par tout le territoire ; et le peuple, pour l'indépendance de la province, s'enrôlait avec enthousiasme dans la milice des Bons-Corps, récemment organisée. Cependant les hostilités se virent ajournées, l'archiduc d'Autriche étant intervenu, non sans quelque hauteur, en faveur de François II. Une réconciliation n'était plus possible : le roi et le duc savaient trop à quoi s'en tenir sur leur sincérité réciproque. La Bretagne resta sous le coup d'une perpétuelle menace jusqu'à la mort de Louis XI (1483). Et ce pays, qui pouvait alors respirer à l'aise, la France ayant pour roi un enfant sous la tutelle d'une femme, se vit entraîné dans de nouveaux désordres par la rivalité de ministres et de favoris ambitieux.

Le trésorier Landois gouvernait alors la cour de Bretagne ; c'était un parvenu qui ne se donnait guère la peine d'être agréable aux seigneurs et aux nobles, depuis longtemps entraînés, du reste, à la cour de France (Tanneguy du Châtel, entr'autres, à la suite de désaccords avec la favorite Mlle de Villequier, s'était retiré auprès de Louis XI, en 1468). Landois avait poussé, puis maintenu François II dans l'alliance anglaise, diversement appréciée suivant qu'on avait en vue les dangers que courait alors l'indépendance bretonne ou les souvenirs restés de la guerre de succession. La haine dont le ministre poursuivit ses rivaux ou ses ennemis (les plus ardents étaient le prince d'Orange et le maréchal de Rieux), les faveurs dont il combla les membres de sa propre famille, la mort misérable du chancelier Chauvin (1484), mirent le comble au mécontentement : il se forma une confédération des seigneurs, qui s'adressèrent à Charles VIII et signèrent avec lui le traité de Montargis (1484), dans lequel les droits du duc légitime furent sacrifiés aux prétentions sans cesse renouvelées du roi de France.

Pendant ce temps, Landois offrait l'hospitalité au duc d'Orléans, le rival d'Anne de Beaujeu à la régence ; mais la guerre avec la France fut retardée « parce que la ligue des mécontents avait, d'autre part, suscité de sérieuses discordes intestines. » Les ennemis de

Landois s'étaient retranchés à Ancenis ; la défection des troupes ducales, venues pour leur offrir la bataille, eut pour resultat la disgrâce et le supplice du favori, puis un traité de réconciliation avec la France.

Ce ne fut qu'une trêve, pendant laquelle le duc de Bretagne assembla les Etats (1486) et institua un parlement sédentaire : cette *cour de justice* devait tenir ses *grands jours* généralement à Vannes. A cette occasion, François II prit le soin d'assurer la couronne ducale à la princesse Anne, sa fille aînée, par la sanction solennelle des Etats. Une telle mesure parut d'autant plus sage, qu'une maladie du duc, à la même époque, attira vers la Bretagne les troupes royales ; elles s'arrêtèrent à Tours. Cette démonstration valut à la France une coalition, à la tête de laquelle marchaient Maximilien d'Autriche, François II et Louis d'Orléans. Trois armées royales envahirent la Bretagne (1487), où le châtiment de Landois n'avait pas encore apaisé les divisions ; le duc demanda des secours en Angleterre, pendant que les Français étaient repoussés devant Nantes. Mais la médiation de Henri VII ne

Château de Dinan

fut pas acceptée; le mariage de la princesse Anne provoquait la discorde dans l'armée bretonne, entre les prétendants, et la bataille de Saint-Aubin-du-Cormier (1488) livra la Bretagne à la discrétion du roi de France. C'est en vain que Rennes refusa de se rendre à la Trémoille; dans les conseils du roi, il était question même de déposséder le duc François II, qui se soumit au traité du Verger; la dernière clause en était que le duc ne marierait ses filles qu'avec le consentement de Charles VIII : c'était la ruine de tous ses projets et la remise de la Bretagne aux mains du roi. On croit que François II en mourut de chagrin, quelques jours après avoir signé cette convention (septembre 1488). L'abaissement où il laissait la province, sans alliance, dans l'isolement, annonçait le triomphe définitif des rois de France.

La duchesse Anne.

La fille aînée de François II, Anne, fut reconnue duchesse. Née en 1477, elle n'était pas encore en âge de gouverner. Ses tuteurs négocièrent avec Maximilien d'Autriche et le roi d'Angleterre, pour en obtenir des secours ou tout au moins une protection efficace contre l'influence française. Cependant, Nantes, la seconde capitale de la Bretagne, fermait ses portes à la jeune souveraine; cette ville avait été le séjour préféré de François II; les derniers ducs l'avaient dotée de nombreux privilèges; il paraît même que l'héritier présomptif de la couronne ducale porta le titre de « comte de Nantes »; plus tard, les actes publics distinguèrent encore le comté de Nantes du duché de Bretagne : outre les places occupées par les troupes de France, l'important pays nantais aussi échappait donc à la duchesse Anne. Rennes demeurait fidèle ; mais la Cornouaille était en proie à la jacquerie. Enfin, 6,000 Anglais et 2,000 Espagnols débarquèrent sur les côtes de Bretagne, et leur arrivée retarda les progrès de la conquête française ; Maximilien imposa le traité de Francfort (1489) à Charles VIII, qui s'engageait à retirer son armée de tout le duché.

L'intervention de l'archiduc avait été la plus

intéressée. Il se hâta de solliciter la main de la jeune Anne de Bretagne, qui ne manquait pas de prétendants ; le mariage eut lieu par procuration. A cette nouvelle, Charles VIII envoya une ambassade auprès de Henri VII, pour obtenir qu'une telle union, dangereuse pour l'Angleterre comme pour la France, fût proclamée nulle ; les négociations n'aboutirent qu'à la reprise des hostilités en Bretagne. La duchesse fut assiégée dans Rennes et réduite à capituler (1491). Dans le traité qui suivit, le duché perdit son indépendance. Le mariage de la duchesse avec Maximilien fut rompu, et Charles VIII épousa Anne de Bretagne en décembre 1491.

VI

Réunion de la Bretagne à la France.

La reine Anne. — Charles VIII et Louis XII.

La nouvelle reine sacrifia son duché « à l'union et à la tranquillité des deux pays » ; elle en fit au roi la cession perpétuelle et irrévocable ; dans son contrat, il n'est même pas question des enfants qui pouvaient naitre de ce mariage, comme héritiers de la couronne de Bretagne. Anne subissait le sort des vaincus ; mais la Bretagne succombait surtout sous l'habile politique des rois de France ; Charles VIII ne fit que compléter une conquête depuis longtemps commencée — depuis près d'un siècle avec persévérance — par ses

Anne de Bretagne.
Peinture sur bois du XVe siècle. (Bibliothèque nationale
manuscrits latins 1190.)

prédécesseurs, et la force des armes y eut peut-être moins de part que l'incessante invasion des mœurs étrangères. Une telle annexion était un résultat heureux pour la France ; ce petit Etat à la fois vassal — du moins à certains égards — et indépendant, sur un coin du territoire, était pour le royaume une source d'inquiétudes constantes ou de menaces ; son existence étant toujours en cause, il invoquait incessamment le secours de l'étranger : il fallut bien, un jour, déloger à jamais les Anglais et les Espagnols de la péninsule armoricaine. Quels fruits la Bretagne recueillit-elle de cette union ? Elle goûta sans doute une plus solide paix intérieure ; elle y gagna surtout d'être soustraite au dangereux et inacceptable protectorat de l'Angleterre ; enfin, comme pour l'habituer à un régime encore difficile à supporter, on lui laissa quelques anciennes libertés provinciales. Toutefois, si ces institutions locales restèrent encore debout, les Bretons l'obtinrent d'une nécessité plus que du gré de Charles VIII.

Le roi voulait du premier coup assimiler la Bretagne au reste du royaume ; il s'y considérait comme le souverain légitime, moins par les droits de son mariage que par ses droits personnels. Son administration ne tenait pas assez compte qu'elle avait à régir un pays qui s'était toujours montré, durant ses dix siècles d'histoire nationale, si fier de ses droits et si prompt aux soulèvements. Les privilèges de la province trouvèrent d'habiles défenseurs contre les conseillers de Charles VIII, dans les « officiers de judicature », au sein de cette tenace magistrature bretonne dont la résistance à des ordonnances royales se prolongea jusqu'à la veille de la Révolution.

Comme il n'avait été fait, dans le mariage de la duchesse, aucune mention des privilèges et des libertés de la province, les villes de Bretagne adressèrent au roi des représentations (1492). Il leur fut accordé que les impôts seraient levés comme sous les anciens ducs, avec le consentement des Etats, et que le parlement administrerait la justice comme précédemment ; en 1495, le roi fit entrer dans ce parlement quelques juges d'origine française. La paix avait été conclue, en 1492, avec Maximilien et Henri VII. Aucun autre événement n'est signalé dans l'histoire de Bretagne jusqu'à la mort de Charles VIII, en 1498.

A peine veuve, Anne reprit le titre de duchesse et elle reparut dans le pays breton ; elle publia des édits, frappa des monnaies, fit acte de souveraineté et même exigea la reddition des villes et des places-fortes occupées par les troupes françaises. Son mariage avec Louis XII était une nécessité pour la France ; le roi, dont le divorce avec Jeanne de France (ou de Valois), fille de Louis XI, ne fut pas sans causer quelque scandale, fit toutes les concessions et vint à Nantes épouser Anne de Bretagne (1499), neuf mois après la mort de Charles VIII. Cette fois, la *Bretonne* eut sa revanche. Louis XII n'avait pas, comme Charles VIII, les droits du vainqueur à faire valoir sur le duché ; il accepta donc un contrat tout à fait favorable à la Bretagne, où il était stipulé que « le duché passerait, non au fils aîné, mais au second fils que la duchesse aurait de Louis XII, au second enfant de son fils, si elle n'avait qu'un fils unique » ; cet héritage était réglé de telle sorte que la Bretagne serait séparée de la France après la mort du roi ; à peine si Louis XII la considérait comme réunie au domaine de la couronne. Il reconnaissait Anne pour « vraye duchesse » ; elle gouvernerait elle-même ses sujets bretons ; rien ne devait être changé à ce qu'elle avait institué depuis la mort de Charles VIII ; les droits de la province furent garantis par une déclaration du roi. Anne eut sa cour particulière ; elle donnait audience aux ambassadeurs, comme duchesse et souveraine d'un État indépendant. Son mariage assurait l'établissement de l'unité monarchique ; mais l'on aurait dit qu'elle mettait tout en œuvre pour empêcher ce résultat, pour entraver l'union de la Bretagne à la France ; éprouvant la même ardeur de provincialisme que ses compatriotes, elle partageait leurs défiances à l'égard de la couronne. Aussi aimait-elle à s'entourer de gentilshommes et de dames du duché breton ; à sa table venaient et chantaient les poètes du pays natal. Elle avait un goût très vif pour les beaux-arts, comme l'atteste le tombeau qu'elle éleva dans la cathédrale de Nantes à son père François II ; son intelligence supérieure lui donna sur Louis XII une influence et un ascendant dont on a la preuve dans les franchises gardées à la province.

Des protestations éclatèrent contre les prétentions de la reine; les Etats-Généraux se firent l'écho de ces doléances. Cependant la Bretagne contribua aux guerres d'Italie, et l'escadre bretonne, se joignant à la flotte française dans la Méditerranée (1501), prit une part glorieuse à l'expédition de Mitylène. Puis le roi tomba malade gravement (1504), à Lyon; Anne, ayant tout à craindre de ses ennemis si son mari venait à mourir, conçut le projet de se retirer au plus tôt sur ses terres de Bretagne. Le roi guérit; le maréchal de Gié, qui aurait résolu de s'opposer par la force au départ de la reine et à son retour dans le duché, fut poursuivi pour des crimes peut-être imaginaires. Il avait sans doute tenu des propos imprudents, qui furent rapportés à la reine; mais il affirma n'avoir jamais annoncé la mort du roi comme prochainement attendue, surtout il jura que la pensée ne lui était jamais venue de braver le courroux et la disgrâce de la souveraine. Il fut condamné, et il subit sa peine non sans dignité ; sa maison du Verger, où il passa ses années d'exil, devint l'objet d'une *farce* dans laquelle les clercs de la basoche raillaient le maréchal sous les formes métaphoriques alors en faveur.

Pendant que s'instruisait ce procès de Gié, qui ne fut pas à la gloire de la « vindicative Bretonne, » Anne fit un voyage à travers la Bretagne (1505) ; elle y resta cinq mois : les chroniques de l'époque sont unanimes à raconter l'accueil enthousiaste que reçut partout la duchesse reine. Dans chaque ville, suivant l'usage, on lui offrait un *mystère ;* les habitants de Rennes faisaient venir de Paris « deux compagnons savants et experts en fait de saintetés », et une jeune fille de la beauté la plus accomplie était choisie pour présenter à « la dame » les clés de la ville et dire, « en les présentant, aucuns versets et rondeaux. » De même, à Guingamp, on prépara une représentation dramatique et on dressa un échafaudage sur la grande place, pour l'entrée de la reine Anne, « afin de lui donner et faire quelque passe-temps. » Ces *mystères* n'étaient pas toujours joués sur des tréteaux, mais sur

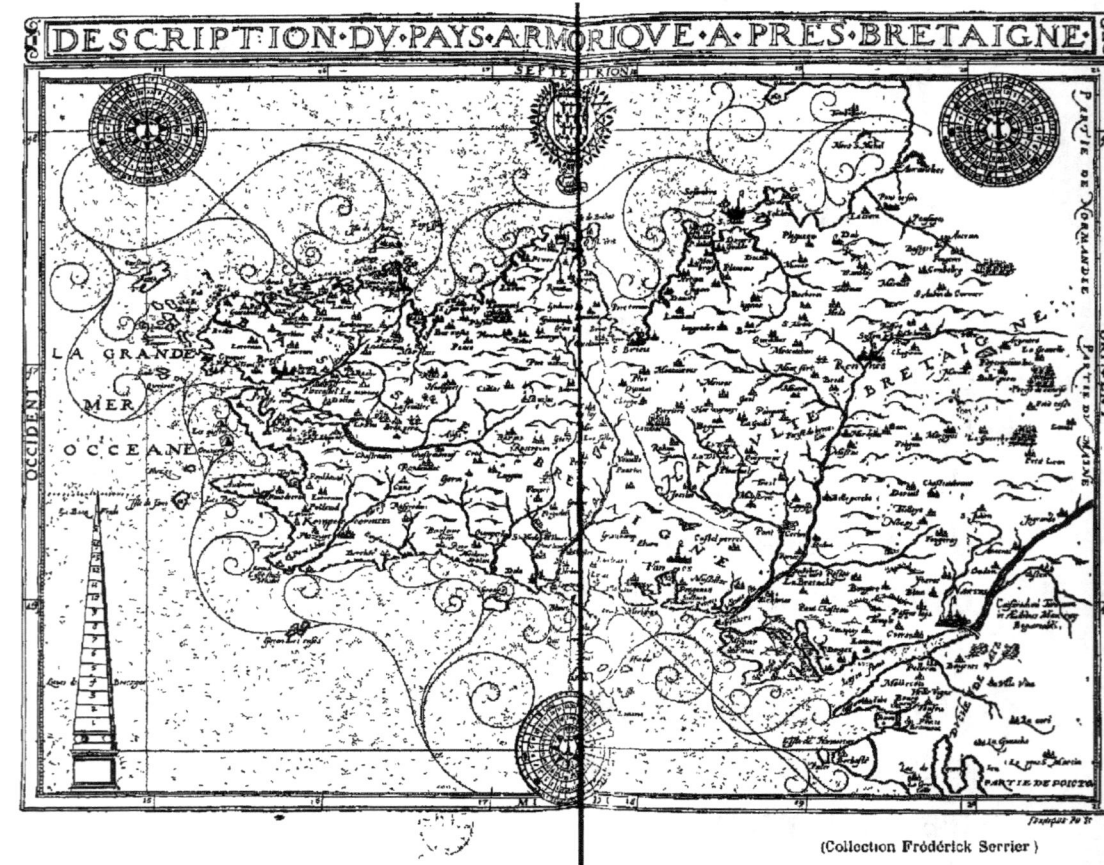

(Collection Frédérick Serrier)

des chariots, le plus souvent, qu'on promenait par la ville. Des confréries organisées s'occupaient de ces divertissements; celle de Fougères était la plus renommée de l'époque.

Anne fut bientôt rappelée de Bretagne pour les fiançailles de la princesse Claude avec le comte d'Angoulême (1506). Cette union, demandée par les Etats-Généraux, n'était pas du goût de la reine; elle en montra son dépit, en se réservant la faculté, par une disposition additionnelle à son propre contrat de mariage, de disposer elle-même de son duché si elle avait un fils. C'est par aversion pour Louise de Savoie, la mère de François d'Angoulême, qu'elle retarda, jusqu'à sa mort, le mariage de Claude avec ce prince : « Si elle eût vécu, écrit un auteur contemporain, jamais le roi François n'eût épousé sa fille. » De leur côté, et à quelque temps de ces fiançailles, les membres du clergé breton saisirent une nouvelle occasion de faire opposition au clergé français, dans les décisions de l'assemblée réunie à Tours (1510), sous forme de concile national, pour décider sur la guerre contre le pape Jules II. En 1512, autre guerre, entre l'Angleterre et la France ; les Anglais ravagèrent les côtes de Bretagne. A cette campagne se rapporte le combat mémorable de la *Cordelière*, montée par le capitaine Porzmoguer (ou Primauguet) : son navire ayant pris feu, le Breton accrocha l'amiral ennemi, et les deux vaisseaux sautèrent ensemble. En souvenir de ces exploits maritimes, Louis XII restitua au duché (1513) le comté d'Étampes, qui avait été confisqué à François II par le roi de France. La reine Anne mourut, l'année suivante, 1514, laissant la Bretagne agitée, pour un demi-siècle, par des questions d'hérédité.

Le duché revenait à la princesse Claude ; Louis XII en remit l'administration au mari de la princesse, à François d'Angoulême. Devenu roi, en 1515, François Ier reçut de la reine Claude la cession de la Bretagne, à perpétuité, étant garantis toutefois les droits des enfants qui viendraient à naître d'eux. En 1524, un testament de la reine transmettait la Bretagne au dauphin, par une clause tout opposée aux deux contrats de la reine Anne. Quand il s'agit, en 1529, de payer la rançon du roi de France, la Bretagne envoya sa quote-part comme les autres provinces. Cependant, la question de l'annexion définitive n'avait pas encore été résolue ; elle fut réglée, dans une assemblée des Etats, à Vannes (1532), d'une façon assez singulière. Le dauphin eut l'administration du duché, avec sa capitale à Rennes ; certains privilèges furent garantis à la province, qui ne pouvait facilement s'habituer à la dépendance, après avoir eu ses princes particuliers et sa constitution propre, depuis Noménoë, durant sept siècles ; on avait fait entendre aux Etats que la Bretagne, « tant qu'elle serait séparée, serait l'objet des inquiétudes de la France et des intrigues de l'Angleterre, et qu'elle était exposée, dans toute guerre entre ces deux nations, à être foulée par ses alliés comme par ses ennemis : l'union de la Bretagne avec la France était indiquée par la nature, et c'était là le seul moyen d'obtenir une paix durable... » Les Bretons parurent se rendre à ces raisons ; mais ils cédaient plutôt à la force des choses. Il y avait quatre ans que le dauphin gouvernait le pays, lorsqu'il fut rappelé par le roi, trop peu rassuré en voyant le prince vivre en bonne intelligence avec un peuple naguère si ardent, qui pouvait n'avoir pas renoncé à ses revendications et qui s'appuyerait peut-être sur le dauphin lui-même. Le jeune prince mourut cette année-là, 1536 ; et le nouveau dauphin, Henri, fut nommé duc de Bretagne ; il obtint, en 1539, l'usufruit du duché, dont il rendit hommage au roi : situation singulière pour une province, qui avait son souverain particulier et qui dépendait de la couronne.

A l'avènement de Henri II (1547), l'union fut consommée. « Le nouveau roi était duc de Bretagne, et comme héritier de la couronne de France, et comme descendant en ligne directe des anciens ducs par la reine Claude, sa mère. Il pouvait invoquer le droit naturel et l'acte d'union de 1532. Les droits de la maison de Bretagne et les droits acquis par la France se trouvaient réunis en sa personne. » Un des premiers soins de Henri II fut d'organiser le parlement du duché et de le rendre permanent ; il y fit entrer, comme cela avait été fait déjà, quelques membres, choisis par le roi et Français de naissance. Il établit d'abord deux chambres, l'une à Rennes

et l'autre à Nantes ; puis il les réunit à Rennes et déclara sédentaire ce parlement. L'incorporation du duché fut définitive, en 1570, à la suite de quelques négociations avec diverses familles rivales, dont les prétentions restaient à éteindre : ainsi, les maisons de Dreux, de Penthièvre, d'Avaugour... La mort de Henri III devait ramener les troubles. La maison de Bretagne n'était plus représentée dans sa postérité masculine ; mais il restait trois filles de Henri II, et nul doute que le duché ne revînt à l'aînée, si le principe de l'hérédité ne s'était pas trouvé modifié par suite de l'annexion. Henri IV soutenait que la Bretagne, formant partie intégrante du domaine royal, ne pouvait plus être soumise à des lois particulières de succession, et il la réclamait comme telle. Il y avait un troisième prétendant, le duc de Mercœur, marié à une héritière des Penthièvres. Henri III avait déjà commis la faute de le nommer gouverneur d'une province où le duc tenait plusieurs fiefs importants ; les guerres de religion fournirent bientôt à Mercœur l'occasion de réclamer ses droits au duché.

La Ligue en Bretagne; le duc de Mercœur.

Son ambition jeta Mercœur, plus que ses préférences et ses convictions, dans le parti de la Ligue. Les réformés avaient pour principaux chefs les Rohan et les Laval. L'assassinat du duc de Guise fut le signal des hostilités; les horreurs de la Saint-Barthélemy n'avaient pas atteint la Bretagne; mais la guerre civile l'envahit, dès l'abord, dans toute sa fureur. Les premiers faits d'armes furent au profit de Mercœur. Il s'empara de Nantes et de Redon; Rennes même se rendit, mais fut perdu aussitôt. Ces succès entraînèrent le duc à dévoiler ses projets sur la Bretagne. Un autre gouverneur fut nommé, le comte de Soissons, qui fut fait prisonnier avant d'arriver à Rennes; le jeune prince de Dombes lui succéda. L'avènement de Henri IV causa la défection de quelques seigneurs opposés à la Ligue; le parlement reconnut le nouveau roi (1589). Mercœur se déclara pour le cardinal de Bourbon et renouvela ses prétentions sur le duché. Les royalistes pourtant remportèrent quelques avantages, et un sérieux échec fut infligé à Mercœur par les habitants de Saint-Malo, qui refusèrent d'accueillir ses troupes, comme celles des royalistes, d'ailleurs. C'est alors que Saint-Malo organisa une confédération de villes maritimes, avec Saint-Brieuc, Tréguier, Lannion, Morlaix et Roscoff, pour préserver la côte des Anglais (1590). Le duc de Mercœur avait appelé les Espagnols, qui débarquèrent à l'embouchure du Blavet, où leur campement donna naissance à une ville nouvelle, Port-Louis; Mercœur s'empara de Hennebont. Dans cette extrémité, les Etats furent convoqués à Rennes (1590) : les royalistes purent alors voir combien leurs ressources étaient réduites. En même temps, Mercœur assemblait à Nantes d'autres Etats; il en obtint tous les subsides dont il avait besoin, mais il n'osa leur demander encore la couronne ducale de Bretagne. Le pays avait donc deux parlements, deux gouvernements et deux capitales. L'Angleterre envoya aux royalistes un corps d'armée de 2,400 hommes; avec ce renfort le prince de Dombes offrit la bataille au duc de Mercœur, près de Guingamp : la victoire resta indécise. Mercœur évita désormais ces rencontres et ces mêlées générales. La maladie décimait les Anglais, qui demandèrent à se retirer; ils furent surpris en chemin par les ligueurs et presque exterminés (1592). L'armée royaliste était donc bien réduite, et le parti du roi était très compromis. Les Espagnols ravageaient la côte; ils débarquèrent dans la presqu'île de Tréguier, ils pillèrent et brûlèrent la ville épiscopale sans défense (1592). Les Etats de la Ligue, réunis à Vannes, accordaient de nouveaux secours à Mercœur, tandis qu'une conspiration se tramait à Rennes même contre le gouverneur de la province. Le roi conclut une trêve de trois mois avec les chefs de la Ligue; Mercœur ne l'accepta pas (1593).

L'abjuration de Henri IV ne changea pas tout de suite la face des affaires. Pourtant les États de Rennes votèrent des subsides au roi, qui envoya le maréchal d'Aumont en Bretagne, à la place du prince de Dombes (1594). On mit le siège devant Morlaix et Quimper, dont la capitulation rendit quelque espoir aux

Vieilles maisons de Morlaix.

royalistes. Mécontents qu'on ne leur livrât pas une de ces villes, les Anglais se retirèrent dans leur pays et la Cornouaille resta en proie aux brigandages de La Fontenelle. Ce ligueur s'était emparé de l'île Tristan et de Douarnenez, dont il avait fait sa place d'armes, et avec une troupe de bandits il rançonnait la contrée ; il traquait les paysans comme de vils animaux ; il obligeait les propriétaires à lui acheter des sauvegardes, et ces sauvegardes n'étaient pas toujours une sécurité ; il pillait les châteaux et il brûlait des villages entiers ; jusqu'à la mer, qu'il infestait de ses pirateries. Le lieutenant-général de Saint-Luc s'empara de cette bête fauve ; il eut le tort de lui rendre la liberté, moyennant une forte rançon. Le maréchal d'Aumont ayant été tué dans un siège, le roi, occupé devant Amiens, convint d'une trêve de quatre mois avec le duc de Mercœur. Ensuite il désigna le maréchal de Brissac pour conduire la guerre de Bretagne (1597). Aucun évènement d'importance ne se passa, à la reprise des hostilités. Les barbaries de La Fontenelle suivaient leur cours ; un corps de 1,200 hommes fut chargé de poursuivre ce monstre ; mais on ne put le forcer dans son repaire. Vers le même temps, une formidable flotte espagnole fut signalée devant Brest ; elle fut retardée par un brouillard soudain et dispersée par la tempête. Enfin, la prise d'Amiens permit au roi de diriger ses forces sur la Bretagne ; on annonça qu'il venait en personne terminer cette longue guerre. Cette nouvelle déconcerta les partisans de Mercœur ; du reste, on était las de tant d'agitations et de tant d'horreurs : le duc de Mercœur fit sa soumission. Henri IV se montra clément, même envers La Fontenelle, qui fut bientôt repris, les armes à la main, dans la conspiration de Biron, et fut roué, à Paris, en place de Grève. Dans ces circonstances, le roi signa, à Nantes (1598), le fameux édit réglant les droits et le sort des protestants en France. Après Nantes il visita Rennes ; pendant son voyage entre ces deux villes, il fut si frappé de la misère que la guerre civile avait partout répandue, qu'il réduisit les redevances et les impôts de la province envers la couronne. La pacification fut complète, et la paix de Vervins, en assurant le repos de la Bretagne, rendit définitive l'union, tant de fois discutée, avec la France.

Révolte du papier timbré.

Désormais, la province de Bretagne n'a pas d'histoire particulière ; les événements dont elle est le théâtre ou l'objet se rattachent à l'histoire générale de la France. Sous le gouvernement de Henri IV, s'effacent peu à peu les souvenirs de la Ligue et des guerres religieuses ; le pays reprend haleine, l'ancienne prospérité a l'air de renaître et les regrets de l'indépendance passée s'apaisent chez les Bretons. La clairvoyance de Richelieu consomma l'œuvre d'unification, sans froisser les franchises provinciales ; le tout-puissant ministre savait bien qu'une administration maladroite trouverait d'invincibles obstacles dans ce parlement de Bretagne, dont la loyauté, d'ailleurs, ne fut jamais en cause. C'est ainsi que Richelieu le chargea d'instruire le procès du comte de Chalais, qui fut impliqué dans une conspiration et exécuté à Nantes ; à cette occasion, furent démantelées trois villes-fortes, Guingamp, Lamballe et Moncontour, qui appartenaient à César de Vendôme, accusé aussi d'avoir pris part à la conjuration. Durant soixante ans, la province s'estima heureuse, les princes n'appliquant que des impositions modérées et paraissant, pour ainsi dire, ménager eux-mêmes la fortune du pays. Aussi bien la fidélité des Bretons ne fit-elle pas faute au roi de France; la Bretagne échappa absolument aux troubles de la Fronde.

Le gouvernement personnel de Louis XIV changea cet état de choses. Le goût du roi pour les dépenses fastueuses et sa passion de la gloire valurent des inventions fiscales, contre lesquelles le peuple ne tarda pas à murmurer. Des troubles éclatèrent à Bordeaux (1675). En Bretagne, ce fut une révolte ouverte. Un premier impôt fut établi, en 1673, sur le papier timbré ; et d'autres, deux ans après, sur le tabac et sur la vaisselle d'étain. Ce qui achevait d'exaspérer les Bretons, c'est que pour prélever ces taxes on s'était passé du consentement des Etats, contrairement aux fran-

Calvaire de Pleyben

chises de la province. Il y eut à Rennes un commencement de sédition (avril 1675), en l'absence du duc de Chaulnes, alors gouverneur de Bretagne ; les bureaux de tabac, ceux du contrôle et du papier timbré furent mis à sac; puis, on brûla le temple des huguenots, dans les faubourgs ; l'ordre fut rétabli, grâce au concours des nobles et des bourgeois. Mais l'agitation avait gagné le pays ; Nantes, Vannes, Dinan, Guingamp, eurent des émeutes. De Châteaulin à Carhaix, dans toute la haute Cornouaille, gronda la sédition, qui fut trois mois sans être réprimée. En même temps, de nouveaux désordres étaient excités à Rennes ; le duc de Chaulnes ne manquait pas de résolution ; il se présenta devant la foule, qui le couvrit d'insultes et lui lança des pierres. Mais son activité ne le poussa pas à solliciter des secours immédiats et à vouloir une prompte répression ; il ne dévoila pas à la cour toute la gravité des circonstances, pour ne pas s'exposer à perdre son gouvernement ; il crut plus habile d'accuser la noblesse et le parlement de la province, lorsqu'il invoquait lui-même le secours des gentilshommes contre les rebelles : d'où la haine du peuple contre les nobles. Le bruit courut qu'on allait encore imposer le blé, et l'on craignit enfin la gabelle : la révolte envahit le Léon et le pays de Tréguier. C'était alors que le P. Maunoir prêchait ses missions, restées fameuses en Cornouaille ; on cite principalement ses processions symboliques, où des acteurs improvisés allaient jouant des *mystères* et des scènes de la Passion, pour attirer les paysans et les distraire des idées de révolte. Le missionnaire rendit visite au duc de Chaulnes, qui était alors à Port-Louis ; mais ses conseils de prudence ne furent pas écoutés.

Cependant, 6,000 hommes de troupes royales étaient envoyées en Bretagne, et le gouverneur rentra à Rennes. Les bourgeois furent désarmés et les habitants sévèrement châtiés ; le parlement fut exilé à Vannes, d'où il ne fût rappelé que quatorze ans après, en 1689. La population dut payer l'entretien des soldats, qui se livrèrent à l'indiscipline et au pillage, de même que firent les 10,000 hommes de nouvelles troupes que reçut encore le duc de Chaulnes. Alors, la rébellion fut écrasée dans

le sang ; les coupables furent roués ou pendus par milliers ; ce fut, en Basse-Bretagne, une véritable terreur ; une amende énorme acheva de ruiner la province. « Vous pouvez compter qu'il n'y a plus de Bretagne, et c'est dommage », écrivait Mme de Sévigné, qui ne montra pas toujours cette pitié pour les Bretons. En d'autres temps, une telle dureté eût compromis les relations du duché avec la France.

La révocation de l'édit de Nantes causa de non moins regrettables excès ; on vit des prédicateurs arriver dans les villes et monter en chaire avec une escorte de soldats. En outre, la Bretagne porta souvent, sous le règne de Louis XIV, le poids des guerres maritimes. Les Anglais tentèrent vainement de détruire Saint-Malo en 1693 et de surprendre Brest en 1694 ; à leur tour, les armateurs de Brest et de Saint-Malo détruisirent à Gambie et à Terre-Neuve les établissements de l'Angleterre ; Duguay-Trouin fit éprouver les plus grandes pertes aux Anglais ; la prise de Rio de Janeiro surtout a immortalisé le capitaine malouin. Après les contributions de guerre dont la Bretagne proposa de s'acquitter « par abonnement », et surtout à part la création d'une nouvelle ville maritime, Lorient, que fonda, en 1719, la Cie des Indes Orientales, rien de bien mémorable, si ce n'est l'incendie de Rennes (1720), jusqu'à la conspiration du cardinal Albéroni contre le Régent; en cette dernière affaire, furent compromis quelques gentilshommes bretons, dont les quatre plus coupables, ou les plus signalés, Pontcalec, du Couëdic, Montlouis et Talhouet-le-Moine, furent mis à mort.

En 1758, sous l'administration du duc d'Aiguillon, les milices bretonnes eurent à repousser les Anglais, qui avaient opéré une descente à Saint-Cast; cette défaite, où l'Angleterre perdit 3,000 hommes, força cette puissance à renoncer à un vaste plan d'invasion territoriale, conçu dans le but d'assurer à ses flottes la navigation des mers, pendant qu'elle tiendrait la France occupée à défendre son littoral. Les milices qui remportèrent cette victoire, c'est le duc d'Aiguillon qui les avait lui-même organisées; la Bretagne lui devait encore de bonnes routes et des forts pour la défense des côtes ; mais les Bretons reprochaient au gouverneur les corvées et les dépenses de tous ces projets ; ces abus de pouvoir répandirent les divisions dans la province et même la révolte contre l'autorité du roi. Ce fut comme un premier symptôme des prochaines agitations révolutionnaires.

La Révolution et la Chouannerie

De nouvelles mesures fiscales achevaient de rendre le duc d'Aiguillon odieux ; le parlement ne consentit pas à les sanctionner ; le gouverneur donna l'ordre d'arrêter le procureur-général La Chalotais et trois autres membres, qui furent transférés à la Bastille. Le parlement refusa de siéger. L'indignation était universelle et l'opinion se manifestait si hautement en faveur de La Chalotais, qu'on dut ensuite informer le procès du gouverneur lui-même. Mais le duc fut bientôt rappelé au pouvoir, nommé ministre, et tous les parlements furent cassés (1771). Louis XVI rétablit les parlements. Cette mesure ne pouvait suffire à remédier au désarroi qui allait croissant dans les finances publiques. Des désordres éclataient de tous côtés. Pour ramener dans une loi générale toutes ces dissidences, on imagina un système d'administration uniforme. La Bretagne n'y vit pas disparaître sans résistance son existence politique, ses institutions particulières et ses privilèges.

Le roi avait été irrité des « remontrances » des parlements, et, sur les conseils de Loménie de Brienne, il s'était décidé, pour en finir avec ces tracasseries, à transformer toute la magistrature. Dans un « lit de justice » tenu à Versailles (mai 1788), Louis XVI annonça son intention de réunir les Etats-Généraux au mois de janvier suivant. Le comte de Thiard, envoyé à Rennes, trouva dans le parlement de la province l'opposition la plus formelle aux ordres de la cour; les membres du parlement furent acclamés par la foule. A la noblesse se joignit la jeunesse de l'École de Droit pour protester contre les illégalités du pouvoir ministériel. Le parlement s'étant

réuni, malgré la défense du gouverneur de Bretagne, plusieurs membres furent enlevés de force et renvoyés dans leurs terres. Une cour plénière, que le parlement ne reconnaissait pas, ne put être organisée ; il en advint que le service de la justice était momentanément suspendu. Cependant, douze députés furent chargés de porter au roi une adresse rédigée au nom de la noblesse ; ils furent saisis et emprisonnés à la Bastille ; une nouvelle délégation fut plus heureuse, parvint jusqu'à Louis XVI et obtint leur élargissement. D'après les règlements administratifs de la province, les Etats de Bretagne devaient se tenir en décembre ; le roi interdit cette tenue et les représentants du tiers, en conséquence, se retirèrent ; mais les deux autres ordres s'obstinaient à siéger. La scission ne tarda pas à devenir plus profonde et le mal irrémédiable. On publia et l'on distribua dans la province une déclaration de la noblesse, où les députés des villes étaient malmenés et tombaient sous le coup de plusieurs lourdes accusations ; des bourgeois de Rennes et des étudiants répondirent par un autre écrit, qui déclarait fausses les assertions de la noblesse. C'était mettre le feu aux poudres. Une bande d'agitateurs parcourut la ville et se jeta sur les étudiants. Le prévôt de l'École de Droit, Moreau, demanda des secours à la jeunesse de Nantes et de Saint-Malo. Le couvent des Cordeliers, où les nobles s'assemblaient pour leurs délibérations, fut cerné et il y eut une mêlée sanglante. A l'arrivée des jeunes gens de Nantes, les représentants de la noblesse durent céder la place, après avoir simulé une clôture régulière des Etats (janvier 1789). Ces troubles eurent des échos dans la province, notamment à Quimper.

Quand eurent lieu les élections pour les Etats-Généraux, le tiers, avec le clergé inférieur, nomma ses députés ; mais la noblesse et le haut clergé s'abstinrent, sous ce prétexte que la convocation des Etats-Généraux n'était pas conforme à la constitution provinciale de la Bretagne, et ces deux ordres se réunirent extraordinairement à Saint-Brieuc pour exprimer leur protestation (avril-mai 1789). Quelques mois après, la Chambre des vacations de Rennes refusait d'enregistrer le décret royal qui prolongeait les vacances du parlement, lettres-patentes du 3 novembre 1789, intimant l'ordre à tous les parlements du royaume d'enregistrer les lois rendues par l'Assemblée Nationale : dernière résistance du parlement de Bretagne à la concentration des pouvoirs politiques. Les magistrats bretons furent mandés à la barre de l'Assemblée Nationale ; ils invoquèrent le mariage de la duchesse Anne avec Charles VIII et avec Louis XII, puis l'Assemblée de Vannes en 1532, proclamant que tout changement dans l'ordre public de la Bretagne devait être consenti par les Etats de la province, et ils affirmèrent que leurs franchises et leurs libertés avaient été réservées expressément par les deux tiers des villes dans la rédaction de leurs « cahiers ». Mais la puissante voix de Mirabeau couvrit ces réclamations, et l'affaire se termina par la création d'une « Cour supérieure provisoire » à Rennes. Les graves événements qui survinrent ensuite à Versailles et surtout à Paris, entraînèrent la Bretagne, comme les autres provinces, mais avec des phases diverses, dans le mouvement révolutionnaire. Il est à remarquer que le cahier des doléances rédigé à Rennes fut, entre les cahiers de 89, l'un des plus importants ; quelques-unes des réformes qu'il indiquait furent réalisées : l'abolition des ordres, le vote par tête aux Etats-Généraux, l'inviolabilité des représentants du peuple, la suppression de tous les droits féodaux, l'égalité de tous devant la loi, la réforme des codes, la rédaction d'une « Déclaration des Droits de l'Homme »...

On eût dit que des pouvoirs nouveaux sortaient soudain de la seule volonté du peuple, se constituant sans coup férir et s'emparant de toute la puissance publique. Partout se formèrent des corps de volontaires nationaux et des comités permanents. Dès qu'on apprit la réunion définitive des trois ordres, la plupart des villes bretonnes envoyèrent des adresses de félicitations, avec des dons patriotiques, à l'Assemblée Nationale. Toutefois, l'esprit local était loin de renoncer à ses manifestations. En octobre 1789, des troubles déplorables s'élevèrent à Lannion, puis à Tréguier, au sujet d'achats de blé, faits dans ces parages au nom de la place et du fort de

Vue de Saint-Malo.

Brest, menacés de disette ; le convoi de grains fut arrêté à Lannion, et la milice eut de la peine à arracher la députation brestoise à la fureur des habitants. De tous les côtés, l'indignation éclata en Bretagne contre les deux villes, et les jeunes gens s'enrôlèrent par milliers pour marcher sur elles et les punir ; mais on put sans effusion de sang arrêter ce commencement de discorde civile. L'on a prétendu que de cet élan de fraternité sortit la première idée d'une *fédération bretonne.*

C'est à Pontivy, comme au lieu le plus central, que Moreau, alors capitaine d'une compagnie de volontaires à Rennes, convoqua la jeunesse de Bretagne et d'Anjou pour dresser l'*acte fédératif*, en janvier 1790 ; après la messe, le futur général monta à l'autel, prononça le serment convenu, et chacun, à son exemple, signa l'acte d'engagement à « combattre les ennemis de la Révolution et à soutenir la nouvelle constitution du royaume. » Le 14 juillet suivant, fut célébré avec un grand éclat l'anniversaire de la prise de la Bastille. La même année, Saint-Malo demanda vainement que la Bretagne fût partagée en six départements, au lieu de cinq, avec Saint-Malo pour sixième chef-lieu. Dans les campagnes, des tentatives étaient faites pour soulever les habitants contre les décrets de l'Assemblée Nationale. En même temps, un mandement de l'évêque Le Mintier, dénoncé à cette Assemblée, occasionnait l'envoi d'une commission rogatoire à Tréguier.

En 1791, la constitution civile du clergé, ou le serment requis des prêtres, fut la cause d'une première insurrection dans les environs de Vannes; bientôt la révolte gagna les régions rurales de la Loire-Inférieure et des Côtes-du-Nord. On accusait les législateurs de tendre à détruire la religion ; les paroisses refusaient de reconnaître et de recevoir les ecclésiastiques qui avaient prêté le serment, les *jureurs* ; la résistance des insermentés mettait les esprits en fermentation ; les administrations municipales eurent recours à des mesures extraordinaires. Survint la nouvelle de la fuite du roi. Dans quelques villes des Côtes-du-Nord s'étaient fondés des comités *royalistes*, sous la direction de Tuffin, marquis de La Rouërie. D'autres villes adoptèrent un drapeau *national*, en ajoutant à la couleur blanche une bande rouge et une bande bleue. Puis, on apprit que Louis XVI avait accepté la constitution, et cet évènement fut l'occasion de grandes fêtes.

L'an 92 amena la guerre civile. Les faits de cette époque sont consignés partout ; qu'il suffise de les résumer simplement : la déportation des prêtres, l'émigration en masse de la noblesse et du clergé — il y eut à la fois jusqu'à huit mille ecclésiastiques à Jersey —, les élections pour la Convention, la proclamation de la République par cette Assemblée et l'abolition de la Royauté. En juin, on plantait ici des arbres de la Liberté ; là, en août, les jeunes gens refusaient de tirer au sort. En octobre, réjouissances publiques, pour fêter le succès des armées françaises en Savoie. Ensuite, une mise en liberté provisoire des prêtres non assermentés. Et l'exécution de Louis XVI, qui fut suivie d'une insurrection générale dans l'Ouest (mars 93). Vingt-deux communes des Côtes-du-Nord se soulevèrent à la voix du chouan Boishardy ; les émigrés, que des communications et des courriers établis de bourg en bourg jusqu'à la mer tenaient en correspondance avec la Cornouaille et le Morbihan, revinrent des îles anglaises. Les royalistes de Vendée avaient mis le siège devant Nantes ; la ville de Rennes, également menacée, demandait des renforts. Les Vendéens passèrent la Loire, marchant sur Granville ; les *Chouans* étaient maîtres de Dol et Dinan allait tomber en leurs mains ; dans l'affaire de Pontorson, les *Bleus* furent culbutés et mis en déroute. Dans la fureur de ces séditions régionales, à peine si l'on remarqua le passage des Girondins, mis *hors la loi* par la *Montagne* et poursuivis jusqu'à Quimper : on sait leur triste fin. Ce qui nuisit aux royalistes, en ces circonstances, ce ne fut pas l'invention des *faux Chouans* (cette ruse de contre-chouannerie n'eut pas grand succès), mais leurs propres divisions ; partagés en trois ou quatre factions, ils ne surent pas se concerter et tirer profit de certains avantages. Cependant, les villes levaient des secours, qu'on envoyait à la Convention Nationale ; des clubs s'ouvraient dans les communes, ou des comités de Salut Public ; on célébrait la reprise de Toulon sur les Anglais, et on mettait l'*embargo* sur tous les navires étrangers à peu près : la France avait alors contre elle presque toute l'Europe coalisée. La guerre anglaise était déchaînée sur nos côtes ; le 1er juin 1794, fut livré le combat naval d'Ouessant, dans lequel la flotte anglaise fut aussi maltraitée que celle de l'amiral Villaret ; l'amiral Howe s'attribua la victoire, bien qu'il n'eût pas remarqué, d'ailleurs, que Villaret l'avait attiré par stratagème à vingt-cinq lieues de Brest, pour permettre à un convoi considérable, attendu d'Amérique, d'entrer dans le port. Un commissaire du gouvernement, selon l'usage, Jean-Bon-Saint-André, suivait la flotte française.

La Convention avait délégué des représentants non-seulement aux armées, mais aussi dans les villes. Avec Jean-Bon-Saint-André à Brest, Prieur était chargé de la côte bretonne ; Pochole était à Rennes ; Carrier, à Nantes... Il serait superflu de raconter, après tant d'autres, le régime de terreur organisé à Nantes par ce représentant de l'Auvergne à la Convention ; il avait imaginé un moyen non plus d'exécution, mais de destruction, plus expéditif que la fusillade et la guillotine, les noyades dans la Loire sur des bateaux à soupape et les fameux *mariages républicains*; lorsqu'on instruisit le procès de Carrier, il fut constaté que plus de 9,000 personnes avaient été envoyées à ce nouveau genre de supplice et que 600 enfants en une seule fois avaient été noyés. La Convention elle-même, émue de telles horreurs commises en son nom, offrit l'amnistie aux Vendéens et à tous les « rebelles » qui déposeraient les armes dans le courant du mois (décembre 1794). Des deux côtés, on en était venu aux derniers excès. Des lois avaient été portées contre les recéleurs de prêtres; Tréguier fut mis en état de siège. Les églises furent changées en casernes ou dédiées au culte de la Raison; on avait dépouillé les clochers, et des cloches fondues on avait fait des canons; le carillon de Tréguier était le plus beau de Bretagne, il était composé de 12 pièces : on ne conserva qu'un bourdon, *Balthazar*, pour sonner le tocsin. La fête de l'Etre suprême (juin 1794) provoquait un indescriptible élan, moins religieux que patriotique. La mort de Robespierre ne pouvait arrêter d'un coup ni la justice révolutionnaire ni la révolte des royalistes.

Une suspension d'armes avait été entendue entre les républicains et les chouans. Ceux-ci en profitèrent pour activer les enrôlements : les diverses bandes des Côtes-du-Nord formaient un total de 25,000 hommes. Puisaye, qui s'était posé comme chef de la chouannerie, passait en Angleterre pour mener les négociations avec le gouvernement anglais et les émigrés, et Cormatin abusait les généraux républicains par des préliminaires de pacification, en attendant une reprise formidable des hostilités. Mais les dépêches de Cormatin furent saisies dans le Morbihan ; le général Hoche parvint à s'emparer de quelques royalistes importants ; par les papiers de Tuffin de la Rouërie, découverts sous sa tombe dans le jardin d'un château isolé, on apprit et on déjoua le plan de campagne des « rebelles » ; comme un décret (novembre 1793) avait déjà porté la démolition des châteaux, des forteresses, des tours et tourelles, pour empêcher l'insurrection de se propager, le parti royaliste se vit désorganisé pour un temps, sans être désarmé ni découragé.

L'expédition provoquée par Puisaye quitta

les côtes d'Angleterre en juin 1795. La flotte anglaise débarqua 10,000 émigrés près de Quiberon ; Cadoudal leur amena un renfort de 1,500 chouans. Hoche était à Rennes, quand il reçut la nouvelle de cette invasion. Il accourut avec 2,000 hommes, força l'ennemi dans Auray, et, ayant rallié toutes ses forces, le refoula dans la presqu'île, où les royalistes livrèrent leur dernière bataille rangée. Leur défaite fut complète ; pas un ne put rejoindre les navires anglais, sur lesquels le rembarquement était, du reste, impossible, leurs canons s'étant mis du large à tirer sur les émigrés comme sur les troupes républicaines. Sur plus de 9,000 prisonniers, 800 furent fusillés : les uns à Vannes, avec Sombreuil en tête, qui commandait à Quiberon ; les autres à Auray, au bas d'une colline, dans une prairie que les habitants ont appelé le *Champ des Martyrs*.

Puisaye avait envoyé sur Josselin 1,200 à 1,500 hommes, sous la conduite de Tinténiac. Ils furent repoussés et poursuivis par une colonne de grenadiers ; Tinténiac fut tué près de Coëtlogon ; ensuite, ses troupes coururent de ville en ville, jetant l'épouvante et levant

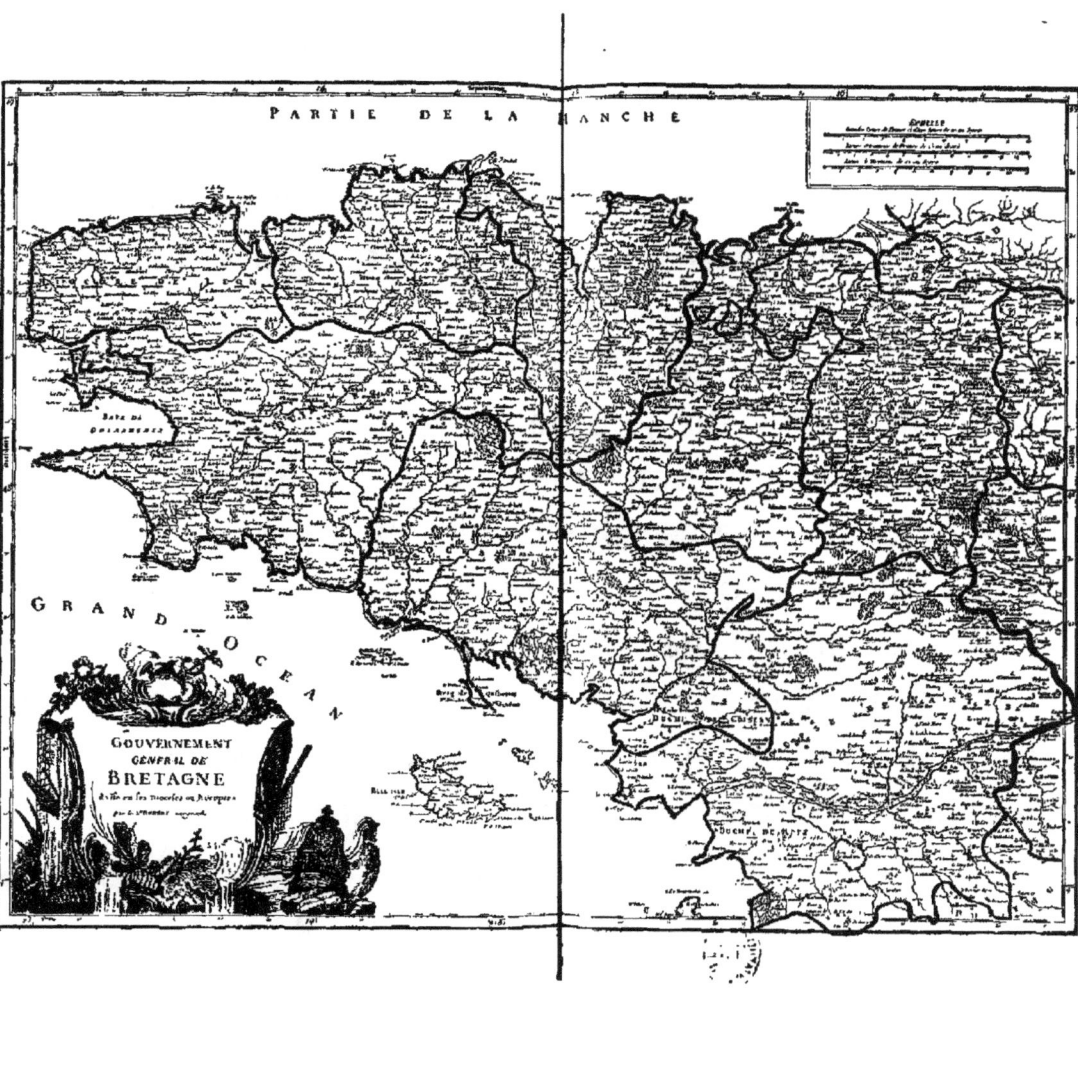

des impôts. — Jusque-là les *Chouans* avaient constitué une sorte de parti politique ; quoique menant la guerre civile, ils défendaient avec certain honneur la cause que le plus grand nombre au début avait embrassée sans calcul ; ils se montraient fiers du surnom qu'on leur avait prêté. Désormais, ce nom-là (qu'il eût été pris aux frères Cottereau, dits *Chouans*, qu'il vînt du chat-huant ou du cri de la chouette), cette appellation devenait une insulte aux yeux du peuple. Les chouans eux-mêmes, sachant bien qu'on les prenait pour des brigands, ne se soucièrent plus, généralement, d'échapper à une telle réputation. Privés d'une direction générale, sans mot d'ordre parti d'un chef reconnu, ils firent la guerre de routiers, se livrant à l'assassinat et au pillage ; ils allaient par bandes, qui se rencontraient, pour certains coups hardis, dans quelque endroit connu d'eux seuls (la forêt de Lorges, aux environs de Quintin, abrita souvent leurs rendez-vous) ; comme on agissait d'ordinaire « en pays de connaissance, » la plupart des crimes avaient un caractère de haine ou de vengeance personnelle : ce fut une lutte sans merci, qui dura bien après les derniers jours de la Convention. La politique du Directoire put à peine amener quelque répit. Entre les courtes suspensions d'hostilités, des fêtes étaient organisées, celles de *la Souveraineté du peuple*, de *la Jeunesse*, des *Epoux*, de *la Reconnaissance*, de *l'Agriculture*..., suivant les locutions abstraites d'alors ; les *théophilanthropes* inaugurèrent leur culte. Puis de nouvelles alertes mettaient les villes en émoi et les troupes en marche. En vain les *colonnes mobiles* sillonnaient le pays ; en 1798, Georges Cadoudal pouvait encore, dans le seul Morbihan, rallier au premier signal une armée de 15,000 hommes. Il fut le dernier chef redoutable de la chouannerie. La nouvelle de la paix conclue avec les Vendéens (janvier 1799) déconcerta les rebelles de Bretagne. Un mois après, Cadoudal faisait aussi sa soumission. Le gouvernement issu du 18 Brumaire rendit aux campagnes la liberté religieuse ; il sut ou diviser ou écraser les plus importants du parti royaliste ; une nombreuse armée, que le premier consul envoya en Bretagne, acheva de la pacifier, et le pays connut enfin le calme au bout de dix ans d'agitation. Ni les tentatives de chouannerie renouvelées en 1815, ni le soulèvement projeté dans l'Ouest par la duchesse de Berry, en 1832, n'ont altéré la face des choses ou rien changé au fait accompli. Depuis 1800, les cinq départements de Bretagne sont définitivement « rentrés dans la constitution. »

Sciences, Beaux-Arts, Mœurs, Littérature.

Auguste Brizeux, (d'après la statue de Pierre Ogé, à Lorient)

Chateaubriand

Sciences, philosophie, etc.

Un pays qui a su garder, durant dix siècles, son autonomie et sa vie propre, n'est pas sans avoir produit des hommes considérables, en tous genres. Il serait bien long de dresser la liste des Bretons illustres, celle de leurs actes et de leurs œuvres. On sait quelle place la Bretagne a tenue dans l'histoire politique et militaire de la France. A partir du XVIe siècle, après la réunion à la couronne, des noms de capitaines bretons retentissent, sur terre et sur mer, dans tous nos fastes héroïques ; il y a même des familles, Rohan, Guébriant, Coëtlogon, où un tel renom est resté longtemps comme héréditaire. De même, entre les villes maritimes, Saint-Malo, la patrie de Jacques Cartier (qui découvrit le Canada), de l'armateur La Barbinais (qui se montra si héroïque pendant sa captivité en Alger), de Duguay-Trouin et de La Motte-Picquet ; Saint-Malo, qui faisait des prêts au roi et armait

72 corsaires lors de la guerre américaine, a gardé près de deux siècles le premier rang. Au nombre des marins fameux, il convient encore d'inscrire le nantais Cassard, dont le caractère inflexible est toujours légendaire, le corsaire Cornic, etc. Quant aux soldats, qu'il suffise d'ajouter aux noms cités plus haut ou mentionnés dans le cours de notre histoire : le chef calviniste François de Lanoue, surnommé *Bras-de-Fer* ; le comte de Plélo, que sa conduite au siège de Dantzig (1734) a couvert de gloire ; et tout près de nous, La Tour-d'Auvergne, Moreau, Charette, Cambronne, Lamoricière, etc..

Dans le domaine des sciences et des études spéculatives, il faut d'abord mentionner le célèbre philosophe et théologien Pierre Abélard, né au Palet en 1079. Elève de Guillaume de Champeaux, il attaqua les doctrines de son maître sur le *Réalisme* ; il devint ensuite le chef de l'école de Paris, et son enseignement, sur la montagne Sainte-Geneviève, obtint un succès immense. C'est alors qu'il connut Héloïse, la nièce du chanoine Fulbert : qui n'a entendu le récit de leur aventure et de leur infortune ? Abélard fut accusé d'hérésie sur le dogme de la Trinité et condamné par le concile de Soissons (1121). Il se réfugia en Champagne, où il fonda l'oratoire du *Paraclet* (1122); plus tard, Héloïse en devint abbesse. Craignant encore la haîne de ses ennemis, Abélard s'enfuit en Bretagne, au monastère de Saint-Gildas, dont les moines l'élurent abbé. En 1140, il eut à comparaître devant le concile de Sens, pour s'expliquer sur son traité de philosophie *(Sic et Non)* dénoncé à Rome par s. Bernard ; mais il refusa d'entrer en lutte avec ses juges et en appela au pape ; et Innocent II ayant approuvé le concile et condamné Abélard à un silence perpétuel, le philosophe résolut d'aller à Rome porter sa propre défense. Il fut retenu à Cluny par Pierre le Vénérable, qui le réconcilia avec le pape et s. Bernard. Il mourut en 1142. — Au XII⁰ siècle, un visionnaire, Eon de l'Etoile, qui se disait le « Fils de Dieu », provoqua un tel mouvement d'opinion et un enthousiasme si soudain, qu'on dut recourir à la force armée pour apaiser ce soulèvement des paysans. — Après

Abélard, est à signaler un autre prêtre fameux, au XIIIe siècle, Yves Hélouri, qui eut les honneurs de la canonisation ; les avocats de France ont pris s. Yves de Tréguier pour leur patron. — Au XVIe siècle, deux historiens : Bertrand d'Argentré, qui a composé une *Histoire de Bretagne* et des commentaires sur la *Coutume de Bretagne* ; Alain Bouchart, l'auteur des *Grandes Chroniques de Bretagne*. — D'autres historiens au XVIIe et au XVIIIe siècle : les bénédictins dom Morice et dom Lobineau, le jésuite Bougeant, Duclos — à la fois historien et moraliste — ... Le XVIIe siècle a encore fourni des prédicateurs, dont deux d'une renommée universellement populaire : Michel Le Nobletz, l'infatigable civilisateur des populations rurales, surnommé « l'Apôtre de la Bretagne » ; le P. Maunoir, ce missionnaire dont l'action s'exerça utilement pendant les troubles du « papier timbré » et qui fut le réformateur de la langue bretonne. — A citer aussi : l'oratorien La Bletterie, professeur au Collège de France ; le jésuite André, dont les œuvres ont été publiées par les soins de Victor Cousin, etc...

Les questions philosophiques suscitaient quelques écrivains et des controversistes de talent. Le P. Tournemine, directeur du *Journal de Trévoux*, a laissé la réputation d'un savant, d'un philosophe et d'un théologien. Fréron, de Quimper, se montra l'ennemi des philosophes de son temps, notamment de Voltaire, et il les attaqua violemment dans *l'Année littéraire*, qu'il avait fondée en 1754 ; ce défenseur des bonnes mœurs n'a pas été lui-même dans ses écrits d'une moralité toujours farouche ; dans son journal, il parlait de tout sans pruderie, sur le ton du siècle ; la foi sans doute, outre le génie, manquait à Fréron ; et quelques-uns lui ont attribué une part excessive dans la critique au XVIIIe siècle. Dans le camp des philosophes, le médecin La Mettrie, dont on connaît les doctrines matérialistes ; ce fut un des hôtes de Frédéric II. Le mathématicien Maupertuis se distingua par ses querelles avec Voltaire ; il fut un des premiers à reconnaître l'aplatissement de la terre vers les pôles. — Le XVIIIe siècle, qui vit au parlement de Rennes quelques jurisconsultes éminents, a produit encore l'économiste Gournay, les médecins Broussais et Laënnec.

Au point de vue littéraire, sans oublier Le Sage, dont les écrits révèlent peu les origines bretonnes, il faut proclamer les trois grands noms dont la Bretagne a doté la littérature française : Chateaubriand, Lamennais et M. Renan, qui sont considérés comme les premiers écrivains du XIX⁰ siècle. Il convient de nommer, après ces maîtres en prose, un poète délicat, Auguste Brizeux, l'auteur de *Marie*, des *Bretons*, de *Telen Arvor*, etc., né à Lorient en 1806, mort en 1858. Enfin, sur le champ de la politique, qui s'est tant élargi dans les temps modernes, il serait infini d'énumérer les personnages qui ont fixé l'attention, depuis les représentants aux Etats-Généraux, à l'Assemblée Nationale et à la Constituante, depuis Lanjuinais et les Girondins jusqu'à M. Jules Simon.

Église du Folgoat.

Beaux-Arts.

Peu d'artistes bretons ont laissé leurs noms dans l'histoire avant les temps modernes. La plupart de leurs œuvres, confinées généralement dans le domaine de l'architecture ou de l'imagerie durant le moyen-âge, ont traversé les siècles, comme on dit des chansons du peuple, d'une façon impersonnelle. De même que les chants et les récits populaires, du reste, elles sont souvent des œuvres collectives, surtout les monuments religieux ; car les églises et les cathédrales, les plus anciennes particulièrement, sont rarement d'une seule et même époque : l'église Saint-Melaine, à Rennes, et l'église abbatiale de Saint-Sauveur, à Redon, commencées au XIe siècle, n'ont été finies qu'au XIIIe.

Remontent encore au XIe siècle : l'église sans transsept de Landévennec, celle de Locmaria-Quimper, celle de La Roche-Derrien (dont la nef, comme le portail et les nefs qui restent encore de l'abbaye de Daoulas, est du plus pur roman), la crypte de Lanmeur. L'église de Sainte-Croix, à Quimperlé, était de la même époque : écroulée il y a une trentaine d'années, elle a été rebâtie, d'après le plan primitif, sur le modèle du Saint-Sépulcre de Jérusalem. La cathédrale de Dol eut un peu le même sort ; détruite par les soldats de Jean-sans-Terre, elle fut relevée quelque cent ans après.

D'ailleurs, c'est l'art religieux qui domine, en ce qui subsiste du XIe, ainsi que du XIIe et du XIIIe siècle. A peine si l'on reconnaît d'alors quelques débris de châteaux ou de forteresses ; des ruines de Châteaubriant pourtant sont du XIe ; celles de Clisson, en partie, du XIIIe. Il est avéré qu'un grand nombre des paroisses bretonnes sont d'origine monastique ; la plupart ont des souvenirs qui les rattachent à ces temps de ferveur chrétienne, et la primitive histoire locale serait communément circonscrite à des fondations d'abbayes, de communautés analogues et d'églises.

La cathédrale de Saint-Pol-de-Léon remonte au XIIe ; elle ne fut achevée qu'au siècle.

suivant. L'église de Guérande a le même âge ; comme celle de Plouguer, à Carhaix ; et le portail de Saint-Sauveur, à Dinan ; et par endroits les églises de Perros, de Loctudy, de Fouesnant et de Guengat. De même, l'une des deux églises de Châteaubriant (l'autre est du XVIe) ; la grande nef de la cathédrale de Saint-Malo et le carré central sont encore des souvenirs du XIIe siècle.

La cathédrale de Quimper date du XIIIe. De la même époque et dans le même style, certaines parties de l'église de Guingamp et les ruines de l'abbaye de Saint-Mathieu, en face l'île d'Ouessant. Autres ruines du XIIIe : celles de l'abbaye de Beauport, non loin de Paimpol ; également, une tour qui reste d'une des églises de Kérity-Penmarc'h. Quoique l'architecture, à peu près le seul art — de nous connu — des Bretons, jusqu'au XIVe siècle, ne sortît guère encore des églises, il faut remarquer que des portions du château de Brest datent du XIIIe, ainsi que des ruines, à Saint-Aubin-du-Cormier, d'un château attribué à Pierre de Dreux ; du même âge, l'un des châteaux-forts de Pont-l'Abbé (celui de Kernuz, le mieux conservé, est du XVIe) ; on prétend que celui de Fougères portait une date encore antérieure, la fin du XIIe.

Cependant, les cathédrales surgissaient successivement, avec un inégal mérite. Alors c'était partout le triomphe du gothique. Après Quimper, ce fut le tour de Tréguier, dont l'église est toujours flanquée, au nord-est, de son cloître canonial, souvenir du XVe siècle ; cette cathédrale, commencée dans la première moitié du XIVe, mit plus de cent ans à s'élever. Encore du XIVe, les églises du Folgoat et de Roscoff, comme celle de Brélevenez, autour de laquelle son Saint-Sépulcre a répandu des légendes de Templiers.

A cette époque de guerres sans trêve, se développa une architecture pour ainsi dire militaire, avec un art nouveau des fortifications. Le château de Vitré est de ce temps, et celui de Susinio, où naquit le connétable de Richemont, et celui de Nantes, et la tour de Cesson, qui domine la mer, à quelque distance de Saint-Brieuc. La forteresse de Tonquédec est postérieure, comme le château de la

Roche-Jagu, de quelques années. Et du XV⁰ siècle : Dinan, Guingamp, Elven (ou Largouët), Josselin, Pontivy, La Haute-Goulaine, Ancenis, Oudon, Guérande, Saint-Malo...

Tandis que se dressaient tant de châteauxforts, il semble que les constructions religieuses, par contre-coup, fussent plus rares ; à part la cathédrale de Nantes, elles devenaient moins somptueuses, bien qu'on rapporte à cette période l'église de Pont-Croix, celles de Pleyben, de Locronan, de Saint-Jean-du-Doigt, Saint-Léonard de Fougères, et l'une des cinq ou six églises de Penmarc'h (ville alors florissante à l'égal de Nantes ou de Saint-Malo). De la même époque, l'église de Kreisker (à Saint-Pol-de-Léon), dont le clocher, reposant sur quatre piliers intérieurs, est une merveille de hardiesse et d'élégance ; la tour de Ploaré, avec sa flèche percée à jour, vaut la peine ensuite d'être mentionnée. Les églises de Bretagne ont pour caractère distinctif ces clochers, presque toujours surmontés de flèches, dont quelques-unes (à Nantes, à Saint-Pol-de-Léon, à Tréguier, à Pont-Croix...) atteignent à plus de 60 mètres. A côté de ces églises paroissiales, il ne conviendrait pas de négliger les chapelles de dévotion et les lieux de pèlerinage ; sans insister sur le tombeau de saint Renan à Locronan, sur la bière de saint Conéri à Plougrescant..., où l'art n'a pas grand'chose à revendiquer, on ne saurait ne pas s'arrêter, par exemple, devant Notre-Dame-des-Portes, à Châteauneuf-du-Faou, ou dans la chapelle gothique de Saint-Herbot, en Loqueffret, etc... Vers la fin du XVe siècle, il n'est pas une province de France qui possède autant de chapelles (chacune avec sa fontaine consacrée) que la Bretagne. Près de Plouha, est le petit sanctuaire de Kermaria-an-Isquit, dont les peintures murales et surtout la danse macabre marquent comme la fin du moyen-âge.

La Renaissance n'a pas fourni en Bretagne, a-t-on dit, nombre de productions remarquables. On termine pourtant les églises de Châteaubriant et de Guingamp ; celle de Sizun s'élève, celle de Goulven, Saint-Mathurin de Moncontour et Saint-Jean-du-Baly à Lannion. Dans l'ordre des monuments militaires ou féodaux, la seule forteresse de Châteaubriant ;

le château d'Ancenis est du XVIIe siècle. Comment donc serait-on porté à croire que l'art breton a émigré en France en même temps que la duchesse Anne ? Dans la cathédrale de Nantes, on édifie un chef-d'œuvre, le tombeau du duc François II et de Marguerite de Foix ; dans l'église du Folgoat, un autre tombeau, celui d'Alain de Coëtivy, par Michel Colomb. Mais on dirait que les œuvres originales, à mesure que le nationalisme local va s'éteignant, ce sont des souvenirs aux morts, comme en regret du passé, des mausolées et des monuments de cimetière : l'ossuaire de Pleyben, du XVe ou XVIe siècle ; à Guimiliau, le calvaire (XVIe siècle) et l'arc-de-triomphe (XVIIe) dressé dans le cimetière ; le calvaire de Plougonven (XVIIe), et particulièrement ceux de Plougastel-Daoulas et de Pleyben, dont les personnages portent les costumes du XVIe siècle.

Du moyen-âge on connaît quelques corporations de peintres et d'architectes ; à peine si quelques noms de « maîtres ès œuvres », comme Mathurin Rodier, ou d'imagiers, comme Jean Mauger et J. Bodan, nous sont parvenus.

C'est à partir de la Renaissance que se dégagent bien les personnalités artistiques. Le XVII⁰ siècle a donné le peintre-architecte Ebrard, à qui l'on doit l'Académie française de Rome. Au XVIII⁰, les frères Ozanne, peintres de marines, ont acquis une illustration particulière plus qu'une gloire d'un titre général, eu égard sans doute aux sujets d'inspiration régionale qu'ils se sont plu à traiter. Du XVIII⁰, le théâtre et la Cour des Comptes, à Nantes, constructions d'un certain mérite... Mais c'est de notre temps que la Bretagne a produit, plus que jamais, des artistes de renom, surtout dans la peinture et dans la statuaire. Quelle source d'inspirations, d'ailleurs, ne doit pas être pour un esprit doué ce pays si fertile en sites admirables, si fidèle à ses mœurs anciennes, gardant comme un legs des ancêtres tout ce qui est un témoignage des époques disparues !

Port de Brest.

Mœurs et coutumes, croyances et superstitions.

L'originalité de la race bretonne n'a pas résidé spécialement dans les beaux-arts proprement dits. Elle consisterait encore moins dans la conservation des mégalithes semés le long des côtes, ou épars sur la lande et dans les grands bois séculaires ; de ces monuments sans histoire, c'est tout au plus si quelques *menhirs* taillés en calvaires ont pour nous une signification ; et encore la marque qu'ils portent en est-elle chrétienne plutôt que celtique. Ce qu'il est permis d'affirmer, c'est que la région convenait bien au peuple qui vint l'occuper, il y a quinze siècles ; cette nature persistante et immuable avait tout pour plaire à une nation essentiellement *traditionniste*. Les Bretons ont eu le respect et l'amour de la terre armoricaine ; ce pays d'éternel idéalisme les a comme en retour aidés mystérieusement à maintenir leur personnalité.

Le génie d'une race se révèle avant tout en ce qui persiste d'elle à travers les siècles ; les survivances des temps antérieurs sont le plus irréfutable témoignage des instincts de nationalité. L'on a vu déjà *(V. Notice géographique et Histoire)* que la Bretagne, vers le XIe siècle, se vit partagée en deux portions linguistiques à peu près égales et que les limiter du *breton* et du *gallo* depuis n'ont pas varié considérablement. Il ne faudrait pas ajouter, après certains écrivains, que le pays est occupé par deux peuples d'origine différente, que l'on reconnaîtrait à l'idiome dont ils se servent. Ce serait aussi exact, au moins, de distinguer les habitants de l'intérieur des terres (de l'*Argoat* ou *pays-sous-bois,* pour emprunter la locution des érudits) et ceux du littoral ou de *l'Arvor (Armorique)* : quelle distance, en effet, entre les mœurs respectives de ces deux régions ! (1) Mais cela ne reviendrait pas à dire que l'uniformité règne « dans les terres », ni que les gens de mer vivent d'une commune façon ; il est constaté que les habitudes sont bien différentes, par exemple, chez les pêcheurs de la Manche, qui sont des *côtiers,* et

---

(1) Dans un ouvrage ultérieur, nous dresserons une carte établissant les limites actuelles des *bretonnants* et des *gallos.*

ceux de l'Atlantique, qui pratiquent la *pêche au large*. Mais de telles particularités existent partout, dans tout pays qui n'a renoncé à aucune grande tradition. Ne parle-t-on pas toujours, dans le Léon, des *paganed*, ces farouches *païens* dont les souvenirs se mêlent à une lointaine légende de saint Rivoaré ? Ce sont là des signes de primitivité, mieux que des traits de race ; ceux-ci sont à rechercher en tout ce qui touche à la vie populaire, dans les croyances, les usages, les costumes.

L'habillement, avec ses variétés, fournit la preuve la plus apparente d'antique origine. Quatre débris de la vieille famille celtique subsistent en Bretagne ; ils diffèrent non moins par le costume que par le dialecte, ces Vannetais, Cornouaillais, Léonards et Trécorrois. Le *localisme* (si l'on aime mieux, l'originalité) du vêtement tend à disparaître, à mesure qu'on approche du *pays gallo* ; ainsi, dans cette partie du Vannetais et de l'ancien évêché de Tréguier qui confine aux évêchés de Nantes, de Rennes et de Saint-Brieuc. Les Léonards, les gens de la côte, en général, portent le costume sombre ; c'est dans la

Cornouaille surtout qu'on observe les formes les plus distinctes et qu'on voit les couleurs les plus éclatantes. Certaines diversités ont soulevé bien des commentaires : par exemple, la coiffure des paysannes du Guémené, où l'on a cru retrouver un souvenir des Slaves ; les femmes de Pont-l'Abbé (les *bigouden*) offrent un autre caractère d'exotisme. Le *bragou-braz* (*grandes* ou *larges braies*) semble une réminiscence des Gallo-Romains ; le *chupen*, de couleurs et de forme variant avec la « contrée », passe pour un effet d'habillement tout à fait national. Quant aux ornementations, bien que s'appliquant à l'infini, elles ne suivent pas le caprice du goût individuel ou d'une mode passagère ; comme tout ce que le peuple a une fois adopté, elles restent, en chaque coin du pays, traditionnelles au costume.

Ce sont les pratiques et les habitudes de la vie bretonne qui sont particulièrement immémoriales. On dit que les inventions modernes, l'enseignement obligatoire, le service militaire, auront bientôt apporté plus d'un changement en Bretagne. Jusqu'ici le contact de l'extérieur n'a guère altéré les mœurs et les usages des Bretons, gens que les innovations ont de tout temps tenus en défiance ; leur foyer domestique n'était pas attingible aux « gens du dehors », parce qu'on n'y parlait pas la langue *étrangère* ; aussi bien leur vie familiale est-elle passée en proverbe. Elle repose sur un principe immuable comme une loi de nature, le respect dû aux parents et le culte des ancêtres, une sorte de religion patronymique ; l'honneur du nom est également confié à tous les membres d'une famille, qui sont solidaires de la honte, de même qu'ils prennent part à la gloire de chacun ; la liberté particulière est à peine réclamée devant la loi écrite ; l'individu se considère comme appartenant d'abord à la famille, et c'est ainsi que l'autorité seule du *penn-ti* dicte aux gens de la maison le devoir habituel ; on se croirait à ces âges primitifs, où le chef de tribu gouvernait par le simple prestige moral. Le sens de ces coutumes patriarcales ne saurait mieux être saisi qu'à ces réunions autour de la pierre du foyer, aux *veillées*, où quelque conteur dit des « merveilles », où l'on chante dans un *sonn* un récent évènement et les lointaines traditions dans un *gwerz*. Le soir encore, de la Nativité à la Chandeleur, pendant quarante jours, tous les chanteurs de la *contrée* s'arrêteront devant la porte et recevront « le liard de la charité », en échange de leurs noëls. La mendicité est admise par tout le pays ; la pauvreté est considérée, du reste, de même que la folie, comme une fatalité. Chaque mendiant se présente, à « son jour de la semaine » ; ainsi a-t-il sa borne de pierre à lui, sur la place du marché ou sur le champ de foire. Au chanteur populaire aussi sa place est marquée, sur l'esplanade du bourg, le jour du *pardon*.

Toute saison de l'année ramène ses solennités, ses divertissements ou ses pratiques ; par exemple, des réjouissances périodiques signalent, par des danses et un festin, les divers travaux des champs, l'*écobuage* et les semailles. l'*aire-neuve*, la moisson. A certains évènements, on observe d'autres usages : les funérailles et les anniversaires ne vont pas sans le « banquet des défunts — *pred ann anaon* » ; — un mariage ne s'accomplit pas correctement jusqu'au bout, principalement en Cornouaille, si l'on manque, à la première nuit de noces, la grotesque cérémonie de la « soupe-au-lait ». Entre les amusements publics, les plus courus furent les représentations de Drames et de Mystères, qui datent du moyen-âge ; on ne connaît pas en Bretagne — on n'est pas certain, à proprement parler, qu'il y en eût jamais — de troupe dramatique ; les acteurs sont des gens de bonne volonté, des illettrés pour la plupart. Avec ces jeux scéniques, les *luttes* en champ clos font encore les délices populaires. Mais il y a un jour de l'année où sont consacrées toutes ces traditions, profanes ou religieuses, la fête patronale ; toute paroisse a sa solennité annuelle, et chaque saint a son *pardon;* ce jour-là, toutes les manifestations locales se produisent autour du pèlerinage, jusqu'aux batailles sur la porte de l'église ou de la chapelle, avant la procession, pour savoir qui portera la bannière paroissiale. On a dit que les jeux des Bretons furent souvent meurtriers : oui, comme tous les exercices de force ; et certes, le plus terrible était le combat au *penn-baz*, quand on décidait une rencontre entre les hommes de deux ou trois paroisses voisines ; ce fameux bâton, dont il est fait mention dans tant de récits et de légendes, était une arme favorite et presque nationale ; le *baz* est resté fort en usage chez les Cornouaillais.

Si attaché que soit un peuple à ses anciens usages, il n'est pas sans les avoir modifiés avec le temps. Une religion non plus ne saurait conserver aux yeux de la foule sa portée originelle ; aux superstitions antérieures, qu'elle n'aura pas abolies, s'ajouteront celles des siècles suivants, et ces folles croyances tâcheront de vivre à côté de la pure doctrine, comme des plantes parasites se nouant autour d'un arbre centenaire. C'est ainsi que le vieux naturalisme celtique et le spiritualisme chrétien sont restés, sans s'exclure, le fond religieux des Bretons. On a cherché, peut-être à tort, des traces du druidisme dans quelques-unes de leurs pratiques pieuses, dans le culte de l'eau, par exemple, dans celui du feu : voilà autant de débris plutôt d'une antérieure religion naturelle, que les druides sans doute, puis les prêtres chrétiens, ont transformés dans la mesure possible et adoptés ensuite dans le sens de leurs propres adorations. Ces interprétations successives sont indéniables.

Les Celtes ont eu de l'univers une conception spéciale. Comme les races qui se sont développées dans l'intimité de la nature, ils en ont tiré des habitudes dont eux seuls ont la signification ; aussi ont-ils donné une application particulière à plus d'une croyance universelle. Ils ont peuplé l'espace de leurs génies à eux, forces inexorables que domine un être tout-puissant et irrésistible ; lui gouverne à son gré les éléments, il commande au vent et à la foudre, il est le farouche maître absolu d'un monde supérieur. De là, le fatalisme des Bretons, leur perpétuelle crainte des puissances invisibles, la peur des ténèbres. Nul ne tient en son pouvoir sa destinée ; un *sort* pèse sur chacun ; c'est formellement exprimé dans le dicton :

« Ouz ar red...
N'euz nemet kouei a-greiz redek.

Contre la *nécessité* (rien à tenter) ; il faut tomber au milieu de la course. »

Quelquefois on reçoit un intersigne, ou bien passe un messager de malheur. C'est toujours dans la nuit. Tant pis pour qui est attiré par des cris d'enfant, de l'*enfant nocturne* (*ar bugel-noz*), qui pleure au coin d'un carrefour ; qu'on traverse au plus vite cette « croix-de-chemin », sans écouter le nain méchant : quelque embûche est dressée par la route. Et si le battoir de la *kannerez-noz* éclate au loin, qu'on se détourne de cette lavandière : car elle fait toujours signe au passant de l'aider à tordre son linge, et s'il tombe dans ce piège, la fille infernale l'enveloppe soudain du drap blanchi, comme d'un linceul. La Mort surtout, *ann Anko*, adresse des avertissements ; la nuit d'un décès, on entend son chariot à l'essieu criard qui s'arrête à la porte de l'agonisant et dépose un cercueil, avec un bruit sourd de fossoyeurs ; et sa tournée dure trois nuits de suite : car elle doit, à ce passage, emporter trois morts dans un même quartier. Ainsi vont et agissent, voilés, les esprits dont l'influence est fatidique. Et toutes les démarches, le moindre acte de la journée, le premier pas hors du seuil, tous les évènements de la vie, tout s'accomplirait de la sorte d'après des lois fatales, ou sous des rencontres fortuites.

On voit comment un pareil *naturalisme* a pu être dérivé vers le *spiritualisme* chrétien. A la place de l'implacable fatalité, a été accepté un Dieu exorable comme ses saints. Le ciel subit le charme de la prière ; les saints consentent même à revêtir certaines attributions, à guérir de certains maux, à réparer des offenses : c'est ainsi qu'on invoque s. Yves-de-la-Vérité contre les parjures, en mêlant à la prière, il est vrai, une affreuse imprécation. Il est possible de sanctifier, en le bouleversant, non de détruire un vieux fond superstitieux. L'eau lustrale a été remplacée par l'eau bénite, et toute chapelle a dans le voisinage sa fontaine consacrée. Chaque saint a sa puissance particulière, à laquelle on est voué par un *signe* (*arouez*) : s. Roch protège contre le choléra, s. Clérin chasse les fièvres, s^{te} Barbe détourne la foudre. — on attribue la même protection contre le tonnerre à un tison emporté d'un feu de la Saint-Jean. —

Où la religion positive a sans difficultés fixé

les croyances des Celtes, c'est en honorant les morts, en basant sur l'espérance le dogme de la vie future : qui refuserait au pauvre *anaon* une prière dont l'efficacité est admise ? *Karr ann Anko* circule encore par les chemins détournés, dans les nuits funèbres ; mais le voyageur attardé qui voit une étoile filer dans le ciel, sait aussi, à cet indice, que l'âme d'un des siens vient d'être délivrée du purgatoire. Les Bretons partagent les illusions de tous les peuples simples sur les revenants et les voix d'un autre monde.

Dans certain ordre d'idées, il semble de prime abord que le christianisme ait tout à fait épuré la donnée populaire ; ainsi, les déshérités de la nature inspirent une pitié mêlée de respect, parce qu'on les croit « sous la main de Dieu », ou touchés de quelque mal expiatoire ; également, le cordier n'est plus un être pendable ; mais le tailleur, de son côté, exerce toujours un métier tenu pour ridicule. Dans la pratique, on s'aperçoit bientôt qu'à cette pensée de respect ou de pitié s'attache une crainte de malchance et de représailles : la *destinée* frappe où elle veut. Quelques-uns

Clocher de Roscoff.

Chapelle de Saint Herbot

prétendent en tenir le secret ; la plupart de ces initiés sont des illettrés ou des vieilles femmes, les tailleurs jadis ; il a été impossible au clergé de prévaloir contre leur art de sorcellerie, de même que les médecins sont impuissants contre l'industrie des rebouteurs.

De pareils faits ne doivent pas servir à constater un penchant vers l'empirisme, mais le goût de la certitude plutôt et le besoin d'une croyance. Timide et irrésolu devant les grandes forces brutales de la nature, le Breton se plaît à consulter les esprits d'un monde supérieur ; dès qu'il a obtenu leur réponse et qu'il compte sur leur appui, rien n'égale son dévoûment et son héroïsme.

Langue et littérature.

Mais l'on reconnaît, incontestablement, la personnalité de la race bretonne, dans sa langue et sa littérature particulières.

Le *breton-armoricain* est le plus récent des dialectes issus de la vieille langue celtique. Il s'est détaché du groupe linguistique de la Grande-Bretagne, comme le *cornique* et le *gallois* ; d'un autre côté, *l'irlandais*, le *manx* (de l'île de Man) et le *gaélique* d'Ecosse ont été produits par *l'irlandais* primitif ; cet ancien idiome de l'Irlande et celui de l'île de Bretagne n'étaient eux-mêmes que des variétés du *gaulois*.

Le *breton-armoricain* a traversé trois périodes assez distinctes, et on l'a nommé successivement, suivant ces époques : *breton ancien*, du Ve au XIe siècle ; *moyen breton*, du XIe au XVIIe ; et puis, *breton moderne* Dans ce dialecte néo-celtique, les désinences tombent, dès l'origine et, par suite, les déclinaisons disparaissent. Une des particularités du breton, c'est la mutation dans les consonnes initiales et finales. Il a trois verbes auxiliaires : *kaout*, avoir ; *beza*, être ; *ober*, faire. La conjugaison affecte deux formes : elle se fait, pour un même verbe, au *personnel* et à *l'impersonnel*. Des grammairiens ont enseigné le breton à l'aide de la syntaxe latine : autant avoir recours à la syntaxe du français... Du vieil armoricain on n'a conservé que des gloses et des noms propres insérés dans quelques chartes. Jusqu'aux invasions des Normands, ce fut la langue courante dans toute la Bretagne-Armorique, hormis l'évêché de Rennes, celui de Nantes (à part le territoire de Guérande) et une partie du pays de Vannes (*V. Histoire*); ses limites allaient de l'embouchure de la Loire aux bords du Couesnon, en suivant une ligne qu'il ne serait pas facile de tenir bien fixe.

L'invasion normande, dès le Xe siècle, refoulait le breton vers l'ouest ; déjà on ne le parlait plus dans les diocèses de Saint-Malo et de Dol, et il ne conservait dans leur intégrité que les diocèses de Tréguier, de

Léon et de Cornouaille; il cessa ensuite d'être le langage de la cour, celui des ducs et des seigneurs. De graves transformations y furent amenées; les mots français s'introduisirent dans les dialectes locaux, en même temps que dans le pays les usages du dehors. Il reste, du *moyen armoricain*, des chartes, des *Mystères* (ceux de *Sainte Nonn* et de *Sainte Barbe*, le *grand Mystère de Jésus*), un dictionnaire (le *Catholicon* de Lagadeuc)... Pendant cette période, excepté le court répit obtenu sous la protection de la reine Anne, le breton passa par une réelle persécution. Au XVIIe siècle, le P. Maunoir le releva du mépris; *l'armoricain moderne* date de ses réformes.

Alors, la persistance d'un idiome qui ne pouvait mourir avant la croyance du peuple qui l'avait enfanté, excita la curiosité des hommes instruits; les recherches de l'érudition produisirent un revirement d'opinion en sa faveur; les travaux du P. Grégoire de Rostrenen et de dom Le Pelletier achevèrent de le réhabiliter, et bientôt, Le Gonidec provoquait une véritable renaissance littéraire.

Depuis l'occupation franco-normande, au XI⁰ siècle, les bornes du breton ne se sont guère rétrécies ; environ la moitié des Côtes-du-Nord, à peu près une égale partie du Morbihan, tout le Finistère et le pays de Batz (Loire-Inférienre), c'est-à-dire plus d'un million de celtisants, tel est encore de nos jours le domaine du breton-armoricain. Comme toutes les langues qui sont en usage surtout chez le peuple, le breton offre des variétés dialectales. Il est à remarquer que ces dialectes, au nombre de quatre principaux, répondent, sur leur territoire respectif, à l'ancienne division de la Bretagne par évêchés et qu'ils portent encore ces dénominations caractéristiques de « Tréguier, Léon, Cornouaille et Vannes. » Évidemment, ce partage est résulté de l'habitude que les prêtres et les clercs avaient prise, dans les exercices du séminaire diocésain, de prêcher d'une façon un peu particulière à chaque région épiscopale. Peu à peu, la séparation des dialectes s'est vue ainsi consommée, grâce encore à l'accent local, qui a même contribué à couper en sous-dialectes les dialectes originels ;

c'est à ce point que chacun des cantons actuels a ses formes préférées de langage, avec ses propres coutumes phonétiques. Ce phénomène est à constater, du reste, dans n'importe quelle langue populaire et dans toute littérature orale.

Cependant, trois de ces dialectes bretons n'offrent pas entre eux de si notables différences qu'on ne puisse aisément les interpréter l'un par l'autre : il s'agit du léonard, du trécorrois et du cornouaillais. On estime que le dialecte de Léon est le plus fidèle à ses origines, parce que les mots y ont moins subi les contractions et les corruptions si promptes à s'introduire dans le langage du peuple. De préférence, les celtistes se servent du léonard : c'est leur dialecte classique. Celui-là acquis, ils n'éprouvent plus de sérieux obstacles qu'avec le vannetais. C'est que les transformations des lettres, avec les âges, ne se sont pas opérées, en Vannes, de la même manière que dans les trois autres régions bretonnantes ; et il n'y a pas que ces dissemblances de vocalisme : jusqu'à la quantité syllabique qui a été altérée, dans le vannetais... Les transformations d'un même mot dont l'aspect finit par changer totalement, tant de difficultés phonétiques et grammaticales, c'est de quoi obscurcir et les lois qui régissent et les rapports qui ramènent entre elles ces variétés de dialectes ; et voilà des conditions qui rendent singulièrement ardue l'étude des langues néo-celtiques.

Au XIXe siècle, à la suite de Le Gonidec, c'est Brizeux, avec le poème de *Marie*, M. de La Villemarqué, avec son recueil du *Barzaz-Breiz*, qui ont les premiers et le plus contribué à produire la littérature bretonne devant le public français. Ensuite, les récits et les études fantaisistes d'Emile Souvestre ont servi de canevas à une foule de poètes et de romanciers accourus de partout, comme au pillage. D'autres collections, faites dans un sens plus critique, ont suivi le recueil de M. de La Villemarqué. Après Brizeux (V. *Telen Arvor*), de véritables poètes ont rendu dans la langue locale leurs impressions personnelles ; le plus habile et le mieux doué fut Prosper Proux, l'auteur de *Bombard Kerne* ; la réflexion s'ajoutant à la naïveté assure à ces productions un avenir littéraire. C'est toute une éclosion de renaissance où ne manquent ni les grammairiens ni les lexicographes, où abondent les fables, les cantiques, les livres de piété... Mais ce n'est pas le lieu, dans un livre consacré plutôt à ce qui fut l'ancienne Bretagne, de développer cette étude autour d'un mouvement contemporain. A côté de cette littérature écrite, dont tant d'obstacles retardèrent le développement, a survécu la littérature orale des conteurs et des chanteurs populaires : celle-ci est d'une autre importance.

On peut adopter cette classification générale des traditions populaires : les *contes* ou *légendes*, les *chansons*. Que des paroles scandées et soutenues par une mélodie fixent l'attention du public mieux qu'un débit en prose, c'est soutenable, assurément ; il est moins facile de décider si le peuple, au fond, attache plus de prix à ses *chansons* qu'à ses *contes*. D'ailleurs, qu'importe ! les uns et les autres ont à ses yeux le prix d'un héritage ancien, et ils apportent le même charme, celui de toutes les joies d'intérieur.

Que de discussions l'on a menées autour des *contes*, sur leurs origines et leurs transformations ! Pour ce qui est des *veillées* de Bretagne, les récits des conteurs peuvent être groupés en trois catégories : 1º Ceux qui touchent aux croyances ou aux superstitions. Ils portent mieux le titre de *légendes*, lorsqu'un personnage céleste, Dieu ou les saints, ou même le diable, est mis en scène ; de même, quand on évoque un nom qui a pu appartenir à un être réel, mais qui se trouve transmis ainsi par la tradition orale. Ajoutons à ces sujets divers les histoires de revenants et d'âmes en peine. — 2º Les *contes merveilleux*, les récits d'aventures et de voyages fantastiques. C'est là que le narrateur, s'il est doué d'imagination, avec quelque habitude, sait se donner libre carrière, adaptant des fables similaires, cousant des voyages à des aventures, bâtissant des châteaux sur le sable et des palais sur la mer, qui disparaîtront au moindre coup de vent, comme les nuées du ciel : il y a tel récit qui dure de la sorte toutes les *veillées* d'une semaine. Les contes de pêcheurs et de marins tiennent une grande

place dans cette littérature bretonne. — 3º **Les
récits *facétieux* et *satiriques*.** Encore plus que
dans les histoires merveilleuses, c'est la spécialité de quelques conteurs; c'est ici qu'il
faut de la « diction » et de l'à-propos. Tout le
monde n'a pas le don du rire, et n'amuse pas
une réunion, qui veut. Les **coureurs de pays**,
chiffonniers, tailleurs ou meuniers, qui savent
tout d'une « contrée », sont les plus habiles à
soulever une allusion ou une raillerie, à lancer
un mot d'où dépend la fortune d'un récit.
D'ordinaire, la morale ne sort pas trop offensée
de ces rencontres ; personne n'ignore, du
reste, que « c'était pour rire ».

Entre les *contes* et les *chansons*, il est bon
de mentionner les *proverbes*, les *devinailles* et
les *fabliaux*. Encore plus que les contes, les
proverbes sont du domaine commun ; et il n'y
a pas, d'ailleurs, que le peuple proprement
dit à s'en servir. N'allez pas demander à cette
« sagesse populaire » une imperturbable logique ; il arrive souvent que ces dictons soient
en parfaite contradiction ; beaucoup sont des
exemples de *paralogismes*, n'étant que le résultat d'expériences incomplètes et la réflexion

de simples apparences ; d'autres, sous les formes de l'allégorie, sont à ranger entre les *devinettes* ou *devinailles*. On se rend raison de la part considérable que prennent les *proverbes* et les *contes* dans la vie courante. Mais la *chanson*, ce second viatique des pèlerins et des « gens de route », n'est-elle pas aussi comme un autre pain quotidien au pauvre peuple ?

En général, ce qui touche au fantastique ou au surnaturel, comme les faits dont la date est irrévocablement perdue, voilà le domaine du *conte* et de la *légende*. Mais on chante les actions des contemporains ; l'histoire du courage, celle du cœur humain, l'expression des sentiments universels, voilà ce qui est plutôt du ressort de la *chanson*.

Bien qu'il soit difficile, même impossible, la plupart du temps, de fixer une époque à des chants populaires, on peut affirmer que peu de cantilènes historiques remontent à plusieurs siècles. Elles se transmettent de l'un à l'autre, d'âge en âge, chacun y mettant du sien, des couplets ajoutés ici et d'autres retranchés ailleurs, avec des termes ininstelligibles qu'on ne songe pas à supprimer. Certaine *berceuse* de Bretagne commence ainsi : « Pater noster dibi doub... » Ces mots *dibi doub*, ne sont d'aucune langue ; mais il n'est pas un enfant, au pays de Tréguier, qu'on n'ait endormi dans la cadence de cette formule intraduisible.

Toutes les formes de la chanson bretonne se réduisent à deux types distincts, le *gwerz* et le *sonn*. Le *gwerz*, c'est le poème historique, la complainte, sans *refrain* (le refrain est spécialement réservé au *sonn* ou *kanaouen*) ; la mélodie en est quelquefois une très simple mélopée. Le *sonn*, c'est la chanson avec toutes ses variétés, *élégie, satire, berceuse, ronde* (et tous chants chorégraphiques) ; un *sonn* toutefois peut n'être pas autre chose qu'un récit, mais il doit toujours adopter le refrain et ne jamais affecter l'allure mélodique ou l'importance historique du *gwerz*. Peut-être faudrait-il, en outre, admettre une catégorie spéciale des *cantiques* ou chants religieux.

Voici un *gwerz*, dans la plus complète acception du mot :

Église et fontaine de Sainte-Anne d'Auray.

Lézobré ou Les Aubrays.

Entre Koat-ar-Skinn et Les Aubrays — est arrêtée une armée (*bis*) ;

Est arrêté un combat : — que Dieu leur donne un bon combat !

Que Dieu leur donne un bon combat ! — et dans la maison, à leurs parents, de bonnes nouvelles !

I

Le seigneur de Les Aubrays disait — à son petit page, un jour fut :

— Selle-moi vite ma haquenée blanche, — mets-lui sa bride d'argent en tête ;

Mets-lui sa bride d'argent en tête — et son collier d'or au cou.

Et apprêtez aussi votre cheval rouan, — que nous allions à Sainte-Anne en Vannes. —

Le seigneur de Les Aubrays disait, — en arrivant à Sainte-Anne :

— J'ai assisté à dix-huit combats, — et les dix-huit, je (les) ai gagnés ;

Et les dix-huit je (les) ai gagnés — par votre grâce, sainte Anne de Vannes ;

Faites-moi que je gagne le dix-neuvième, — et je serai couronné au Ieaudet.

Et je vous acheterai une ceinture de cire, — qui fera le tour de toutes vos terres,

Le tour de votre église et du cimetière — et de toute votre terre bénite :

Je vous acheterai une bannière rouge, — qui sera dorée des deux côtés. —

II

Le seigneur de Koat-ar-Skinn disait — à son petit page, ce jour-là même :

— Je vois venir un âne — monté sur une haquenée blanche. —

Le seigneur de Les Aubrays dit — à Koat-ar-Skinn, dès qu'il l'entendit :

— Si je suis moi-même un âne, certainement, — je ne suis pas un âne de nature,

Je ne suis pas âne de nature ; — on dit que mon père était un homme sage.

Si tu n'as pas connu mon père, — je te ferai connaître son fils. —

Alors ils sont allés combattre ; — le seigneur de Les Aubrays a gagné.

Le seigneur de Koat-ar-Skinn disait — à Les Aubrays, lorsque celui-ci gagnait :

— Au nom de Dieu ! Les Aubrays, — au nom de Dieu ! donne-moi quartier.

— Je ne te donnerai pas de quartier : — car tu ne m'en aurais pas donné.

— Au nom de mon Dieu ! Les Aubrays, — laisse-moi la vie.

— Je ne te laisserai pas la vie : — tu ne me l'aurais pas laissée.

— Au nom de Dieu ! Les Aubrays, — prends la charge de mes enfants.

— Je ne prendrai pas la charge de tes enfants ; — (mais) je les laisserai s'en aller en liberté. —

Il n'avait pas achevé ces mots, — que Koat-ar-Skinn était tué de sa main.

III

Des nouvelles furent envoyées au roi, — pour lui annoncer que Koat-ar-Skinn avait été tué.

Et le roi du pays de France disait — à son petit page, un jour qu'il fut :

— Petit page, petit page, mon page petit, — tu es diligent et vif ;

Va dire à Les Aubrays — qu'il vienne combattre contre mon More à moi. —

Le petit page disait, lorsqu'il arrivait à Lannion :

— Bonjour à vous et joie à tous dans cette ville. - Le seigneur de Les Aubrays, où est-il ? —

Le seigneur de Les Aubrays, dès qu'il eût entendu cela, — a mis la tête à sa fenêtre ;

Il a mis la tête à sa fenêtre, — et il a salué le **page du roi**.

— Bonjour à vous, seigneur de Les Aubrays. — Et à vous aussi, **page du roi**.

Et à vous aussi, page du roi. — Qu'est-il arrivé de nouveau?

— Il vous est dit (commandé) à vous, Les Aubrays, — de venir combattre contre le More du roi.

— Au nom de Dieu! petit **page du roi**, — apprends-moi le secret de ce More-là ;

Et je te donnerai un bouquet, — dans le milieu duquel il y aura quatre mille écus.

— Je vous dirai son secret : — mais ne le révélez jamais à personne.

Lorsque s'ouvrira ce combat-là, — jetez vite vos habits sur les siens ;

Et jetez-lui de l'eau bénite, — dès qu'il aura dégaîné.

Alors il fera un bond en l'air : — placez votre épée pour le recevoir ;

Aimez-mieux perdre votre épée, — Les Aubrays, que perdre votre vie. —

Le seigneur de Les Aubrays, lorsqu'il eut entendu cela, — a mis la main dans sa poche ;

Il a donné au page un bouquet, — dans le milieu duquel il y avait quatre mille écus.

IV

Le seigneur de Les Aubrays disait, — lorsqu'il arrivait dans le palais du roi :

— Bonjour à vous, sire et même roi. — Qu'avez-vous donc de nouveau?

— Il t'a été dit, Les Aubrays, — que tu viennes combattre contre mon More à moi.

Tu as tué Koat-ar-Skinn, — qui était un de mes plus grands amis ;

Mais si tu as tué Koat-ar-Skinn, — mon More à moi, tu ne le tueras pas. —

Lorsqu'il entra dans la grande salle contre lui, — Les Aubrays de lui jeter de l'eau bénite ;

Quand le More jette ses habits à terre, — Les Aubrays jette les siens par-dessus ;

Quand le More fait un bond en l'air, — il place son épée de manière à le recevoir.

— Au nom de mon Dieu! Les Aubrays, — retire vers toi ton épée.

— Je ne retirerai pas vers moi mon épée : — tu n'aurais pas retiré la tienne, toi.

— Au nom de mon Dieu ! Les Aubrays, — laisse-moi la vie.

— Je ne te laisserai pas la vie : — tu ne me l'aurais pas laissée à moi. —

Il n'a pas achevé ces mots, — que le More noir est tué ;

Le More noir est tué, — et Les Aubrays est sorti.

Il a rencontré le petit page du roi, — il lui a donné un second bouquet :

Il lui a donné un second bouquet, — dans le milieu duquel il y avait quatre mille écus.

Le roi alors disait — à Les Aubrays, lorsqu'il sortait :

— Mon Dieu ! serait-ce possible — que tu aies tué mon More à moi ?

— Oui, j'ai tué votre More, — et je vous tuerai aussi, si vous voulez.

— Au nom de Dieu ! Les Aubrays, — laisse-moi la vie,

Et reste dans mon palais avec moi : — je te ferai roi après moi.

— Je ne resterai pas avec vous dans votre palais : — car ma pauvre petite mère est veuve ;

Car ma pauvre petite mère est veuve : — et elle aurait à mon sujet du chagrin. —

V

Le seigneur de Les Aubrays disait — dans la ville de Lannion, lorsqu'il entrait :

— J'ai été à vingt combats, — et j'ai gagné les vingt.

Par votre grâce, sainte Anne de Vannes, — je serai couronné au Ieaudet ;

Je serai couronné dans l'église, — et (pourtant) je n'ai pas encore vingt ans révolus. —

Quel est ce Lézobré, ce héros d'épopée populaire, le Roland des Bretons ? On sait que les renommées transmises par l'histoire écrite, ne sont pas celles que le peuple consacre de préférence ; il choisit ses noms à lui et il leur reste fidèle, tant qu'il garde quelque notion, ou mieux, quelque sens des évènements racontés par le chanteur populaire. Aussi bien notre époque contemporaine, par exemple, si diférente même du siècle dernier, sera-t-elle fatale à plus d'un souvenir qui remonte un peu avant vers un passé évanoui. L'air de *Lézobré* est un récitatif, plutôt qu'une mélodie ; on dirait d'une narration psalmodiée.

Il n'en est pas ainsi d'un *sonn;* l'air n'en doit pas être rebelle à une mesure rigoureuse, par la raison que ce sont, pour la plupart, du moins, des chants de marche ou de danse, ou des mélodies similaires, comme des berceuses régulièrement rhythmées. Quel spécimen convenable donner de ces chansons, dont les genres sont si variés? Voici une sorte de ballade allégorique; mais cet « *ann den koz hag ann exnik* » ne ferait pas du tout une chanson de route.

Le Vieillard et le petit Oiseau.

Hier donc, à la tombée de la nuit, — lorsque j'eus soupé, — j'allai dans mon jardin — ié tralira tralalic tralira — j'allai dans mon jardin — avec le dessein de me promener.

J'allai dans mon jardin — avec le dessein de me promener; — et moi d'entendre un petit oiseau — ié tralira... — et moi d'entendre un petit oiseau, — qui était sur une branche à chanter.

Et le petit oiseau vint — et il me demanda : — « Es-tu malade de cœur — ié tralira... — es-tu malade de cœur? — ou bien as-tu des peines d'esprit?

— Je ne suis pas malade de cœur, — mais j'ai des peines d'esprit; — et c'est par le regret de ma jeunesse — ié tralira... — et c'est par le regret de ma jeunesse, — qui m'a quitté.

Dis-moi, oiseau petit, — tu as des plumes et deux ailes : — irais-tu pour moi — ié tralira... — irais-tu pour moi — en un petit voyage au loin?

Irais-tu chercher ma jeunesse, — qui est partie loin de moi ? — Et lorsque tu seras de retour ici — ié tralira... — et lorsque tu seras de retour ici, — nous boirons bouteille.

— Donne-moi la paix avec ta jeunesse. — Puisqu'elle s'en est allée en son chemin, — avec tous les biens de la terre — ié tralira... — avec tous les biens de la terre — je ne suis pas à même de la retrouver.

— Possible. Mais avant qu'elle m'ait quitté, — elle m'a fait outrage : — elle a voûté mes deux épaules, — ié tralira... — elle a voûté mes deux épaules, — et ma barbe, elle l'a grisonnée;

Elle m'a pris mes dents de la bouche — et a mis ma tête à nu, — et toute mon agilité — ié tralira... — et toute mon agilité, — tout s'en est allé avec elle.

J'ai eu un temps — où j'étais souple comme une courroie, — où je dansais sur une corde — ié tralira... — où je dansais sur une corde — sans me retenir à personne ;

Où je dansais sur une corde — sans me retenir à rien ; — un de mes pieds a glissé — ié tralira... — un de mes pieds a glissé, — et je suis tombé à plat ;

Un de mes pieds a glissé, — hélas ! et je suis tombé ; — et, d'après ce que tu dis — ié tralira... — et, d'après ce que tu dis, — me relever, je ne le pourrai plus. »

Il est impossible de parler de cette poésie

rudimentaire sans poser en question son origine. Si les chansons vraiment populaires n'ont pas d'authenticité, pour le plus grand nombre, et si l'auteur en est le plus souvent anonyme, s'ensuit-il qu'elles sortent toujours du peuple ? Elles proviennent généralement d'un être moins collectif, et c'est alors le peuple qui les transforme à son usage, du moment qu'elles sont tombées dans le domaine commun.

Si une tradition s'était conservée à cet égard, en quelque coin de France, on pourrait bien assurer que c'est en Bretagne. Certes, l'antique *bardisme* n'est plus et il n'existait même plus en Gaule, à l'état d'institution, lors des grandes émigrations bretonnes. S'ensuit-il que l'art des *bardes* ait fatalement disparu ? Ces poètes primitifs chantaient d'habitude leurs propres compositions ; ainsi pratique encore ce mendiant qui va par les marchés de Bretagne, colportant sur des feuilles volantes ses élucubrations, dont il a inventé l'air en même temps que les paroles, chemin faisant ; son surnom exact, à ce poète, ce n'est donc pas *chanteur populaire*. Laissons-lui quelquefois celui

Costumes bretons, au musée ethnographique de Quimper.

ces traditions et de cette littérature. Les traditions populaires ne peuvent disparaître avant le peuple qui a éprouvé le besoin de les produire ; une littérature orale dure autant que la race qui l'a enfantée. Rassurez-vous donc, bonnes gens des deux Bretagnes : c'est encore pour longtemps que l'on dira les contes de jadis à vos *veillées*, de même qu'on chantera, encore des siècles durant, de vieux *gwerz* et des *sonn* dans la langue de notre pays natal.

Table des Matières.

	Pages.
DÉDICACE...	I-VIII
NOTICE GÉOGRAPHIQUE................	1
Limites..	3
Climat; physionomie générale............	4
Montagnes..	6
Caps, Baies, Presqu'îles	8
Cours d'eau.....................................	10
Iles	17
HISTOIRE	23
Période préhistorique.......................	25
Ère Celtique. — Époque Gallo-Romaine....	28
Émigrations et établissement des Bretons insulaires en Armorique................	37
Unification de la Bretagne. — Noménoë...	54
Érispoë..	58
Salomon ou Salaün...........................	60
Gurvand et Pascuëten.......................	64
Judicaël et Alain-le-Grand	66
Occupation normande........................	68
Alain Barbe-Torte.............................	70
Conan Ier. — Geoffroi Ier. — Alain III. — Conan II	72
Hoël..	75
Alain-Fergent...................................	76
Conan III..	78
Conan IV..	81
Ducs de la maison de Plantagenet et de la maison de Dreux. — Geoffroi II........	83
Constance. — Arthur 1er.................	85

Gui de Thouars. — La duchesse Alix et Pierre de Dreux..................................	89
Jean Ier..	95
Jean II..	98
Arthur II..	100
Jean III..	101
Guerre de *Cent Ans*. — Les trois Connétables bretons. — Influence française....	104
Jean de Montfort et Charles de Blois........	105
Jean IV..	116
Jean V..	123
François Ier..	128
Pierre II..	129
Arthur III..	131
François II..	133
La duchesse Anne....................................	143
Réunion de la Bretagne à la France. — La reine Anne. — Charles VIII et Louis XII.	146
La Ligue en Bretagne ; le duc de Mercœur.	158
Révolte du *papier timbré*........................	163
La Révolution et la Chouannerie.............	169
SCIENCES, BEAUX-ARTS, MŒURS, LITTÉRATURE....................................	187
Sciences, philosophie, etc........................	189
Beaux-Arts....................................	195
Mœurs et coutumes ; croyances et superstitions....................................	203
Langue et littérature....................................	216

ILLUSTRATIONS

(Monuments, paysages, costumes, d'après les photographies.

I

La pointe du Raz.
Audierne.
Carte sommaire de la Bretagne par départements.

II

Alignements de Carnac.
Dolmen, à Lokmariaker.
Carte ecclésiastique de la Bretagne au IXe siècle.
Eglise Saint-Sauveur, à Redon.
Eglise Saint-Melaine ou Notre-Dame, à Rennes.
{ Cathédrale de Dol.
{ Cathédrale de Saint-Pol-de-Léon.
Cathédrale de Quimper.
Château de Clisson.
{ Cathédrale de Tréguier.
{ Cloître de la cathédrale de Tréguier.
Château de Vitré.
Château de Nantes.
{ Ruines du château de Tonquédec.
{ Paysage de Tonquédec.
Cathédrale de Nantes.
Château de Dinan.

Anne de Bretagne (médaillon).
Carte de Bretagne (fac-simile).
Calvaire de Plougastel.
Vieilles maisons de Morlaix.
Calvaire de Pleyben.
Carte de Bretagne (fac-simile).
Calvaire de Guimiliau.
{ Vue de Saint-Malo.
{ La porte du Morbihan, à Lorient.
Carte de Bretagne (fac-simile).

III

{ Châteaubriand (médaillon).
{ Auguste Brizeux (médaillon).
Eglise du Folgoat.
Port de Brest.
{ Clocher de Roscoff.
{ Chapelle de Saint-Herbot.
Eglise et fontaine de Sainte-Anne-d'Auray.
Costumes bretons.

LES
LITTÉRATURES POPULAIRES
DE TOUTES LES NATIONS

Tome I. Paul Sébillot. *Littérature orale de la Haute-Bretagne.* Paris 1881, un charmant vol. petit in-8 écu, de XII et 404 pages, cartonné, non rogné.................................... 7 50

Tomes II-III. F.-M. Luzel. *Légendes chrétiennes de la Basse-Bretagne.* Paris, 1882, 2 vol. cart., non rognés........... 12 »

Tome IV. G. Maspero. *Les Contes populaires de l'Egypte ancienne.* Paris, 1883, 1 vol. cart., non rogné.................... 7 50

Tomes V-VII. J.-F. Bladé. *Poésies populaires de la Gascogne.* Texte gascon et traduction française en regard, avec musique. Paris, 1881-1882, 3 vol., cart., non rognés........... 22 50

Tome VIII. Ed. Lancereau. *L'Hitopadésa, ou l'Instruction utile,* Recueil d'apologues et de contes traduits du sanscrit. Paris, 1882, 1 vol. cart., non rogné............................... 7 50

Tomes IX-X. Paul Sébillot. *Traditions et superstitions de la Haute-Bretagne.* Paris, 1882, 2 vol. cart., non rognés.. 15 »

Tome XI. J. Fleury. *Littérature orale de la Basse-Normandie* (Contes, chansons, devinettes, etc.). Paris, 1883, 1 vol. cart., non rogné... 7 50

Tome XII. Paul Sébillot. *Gargantua dans les traditions populaires.* Paris, 1883, 1 vol. cart., non rogné................. 7 50

Tome XIII. H. Carnoy. *Littérature orale de la Picardie* (Contes, chansons, devinettes, etc.). Paris, 1883, 1 v. cart., non rogné. 7 50

Tome XIV. E. Rolland. *Rimes et jeux de l'enfance.* Paris, 1883, 1 vol. cart., non rogné....................................... 7 50

Tome XV. Julien Vinson. *Le Folk-lore du pays basque.* Paris, 1883, 1 vol. cart., non rogné, avec musique.................. 7 50

Tome XVI. Fr. Ortoli. *Les Contes populaires de l'île de Corse.* Paris 1883, 1 vol. cart., non rogné...................... 7 50

Tome XXII-XVIII. J.-B. Wekerlin, bibliothécaire du Conservatoire. *Chansons populaires de l'Alsace,* avec airs notés. Paris, 1883, 2 vol. cart., non rognés............................. 15 »

Tomes XIX-XXI. J.-F. Bladé. *Contes populaires de la Gascogne.* Paris, 1886, 3 vol. cart., non rognés................... 22 50

Tome XXII. Paul Sébillot. *Coutumes populaires de la Haute-Bretagne.* Paris, 1886, 1 vol. cart., non rogné...... 7 50

Tome XXIII. E. Petitot. *Traductions indiennes du Canada Nord-Ouest.* Paris, 1886, 1 vol. cart., non rogné............ 7 50

Tomes XXIV-XXVI. F.-M. Luzel. *Contes populaires de la Basse-Bretagne.* Paris, 1887, 3 vol., cart., non rognés....... 22 50

Tome XXVII. C. Baissac. *Le Folk-lore de l'île Maurice.* Texte créole et traduction française. Paris, 1888, 1 vol. cart., non rogné... 7 50

Tome XXVIII. H. Carnoy et J. Nicolaïdes. *Traditions populaires de l'Asie-Mineure.* Paris, 1889, 1 vol. cart., non rogné. 7 50

Tome XXIX. L.-F. Sauvé. *Le Folk-lore des Hautes-Vosges.* Paris, 1889, 1 vol. cart., non rogné............................ 7 50

www.ingramcontent.com/pod-product-compliance
Lightning Source LLC
Chambersburg PA
CBHW050636170426

43200CB00008B/1040